ハーバード卒・元メジャー
メンタルコーチが明かす

メンタルトレーニングの奥義

パフォーマンスを
上達させる
実証済のテクニック

Rick Wolff
リック・ウォルフ
［著］

伊豫雅臣・矢野郁明・赤沼暁彦
［訳］

ベースボール・マガジン社

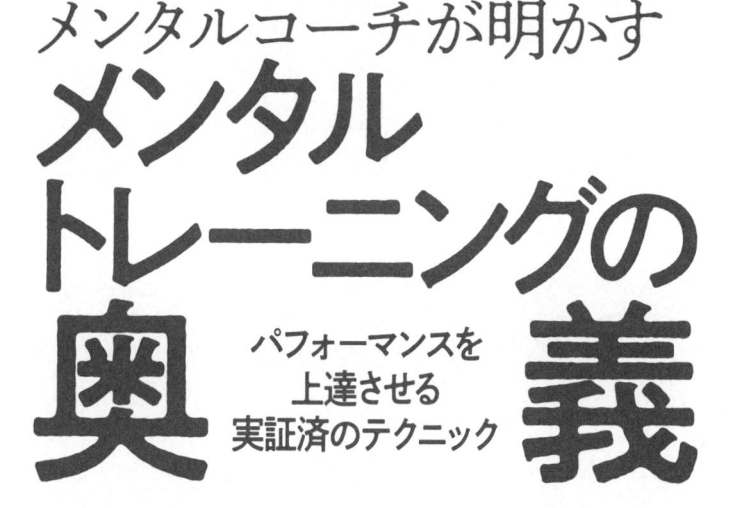

SECRETS OF SPORTS PSYCHOLOGY REVEALED:

Proven Techniques to Elevate Your Performance

by

RICK WOLFF

This translation is published by Baseball Magazine-sha
by arrangement with Skyhorse Publishing Inc.
through Tuttle-Mori Agency, Inc.

「では、　君はどうするつもりなんだい？」

——悩めるアスリートと対峙したときの

ハーベー・ドルフマンの言葉

推薦の言葉

「スポーツメンタルトレーニングにまつわる混乱や謎は山ほどあります。しかし、もしあなたがそのような乱雑な山の中から厚く信頼できる入門書を手に入れたいのなら、本書を強く薦めます。この本には、すべてのトップアスリートに役立つ、素晴らしい見識が含まれています」

——**ジョン・ハート**、クリーブランド・インディアンス、テキサス・レンジャーズ、アトランタ・ブレーブスの元ゼネラルマネージャー

*

「私がリックに会ったのは、私がまだ若く、マイナーリーグの選手だった30年近く前です。彼は私にスポーツメンタルトレーニングを教えてくれましたが、私のプロ選手としてのキャリアを築いていく年月の多くの期間、そのスポーツメンタルトレーニングは私に大きな影響をもたらしました。リックは、私が激しい競争の中でうまくいったことや避けられずに失敗したことの取り扱い方を理解するのを助けてくれました。今日まで私が野球人として成熟するのに彼のコンサルティングは欠くことのできない要素だったと思っています。そして私が、次に起きることに備え

*

て継続的に努力するようになったのも彼のコンサルティングのおかげです」

――**ジェリー・ディポット**、シアトル・マリナーズのエグゼクティブ・バイス・プレジデント兼ゼネラルマネージャー

＊

「スポーツやビジネス、医学など、どんな分野でも勝者は、目に見える資質とともに視覚的には見ることができない心の中にある資質も発揮させています。リック・ウォルフは最新の本で、フィールドと机の前で行う、パフォーマンスを向上させる方法を、実践に役立つように明確にわかりやすく解説しています。彼が示すすでに実証されている取り組み方は、メンタル面や感情面でのスキルを自分で強化するのに役立つでしょう」

――**アル・ゴルディス**、Baseball Scouts Hall of Fame（野球のスカウトの殿堂）の元メジャーリーグ・エグゼクティブ兼メンバー

＊

「リック・ウォルフは、彼独特の、自身での直接の体験があるから、スポーツメンタルトレーニングを発展させることを考えることができ、そして、ひとりひとりのアスリートが自分の試合でのパフォーマンスを向上させるのに簡単に使える道具や取り組み方を教えることができるので

す。スポーツにおいてメンタルは、潜在能力と実際のパフォーマンスの溝を埋める鍵となります。試合でのパフォーマンス向上に興味のある人なら誰でも、本書によって精神面で安定した、向上したパフォーマンスを行うための、簡単に応用できる取り組み方を知ることができます」

――**マーク・A・シャピロ**、トロント・ブルージェイズの社長兼CEO

＊

「私たちは、野球で、同じようなスキルを持つプレーヤーの中から、メジャーリーグに昇格できる、ちょっとした特別なものを、どのプレーヤーが持っているのかを見極めるという、大変な仕事に向き合っています。次のステージに進みたくてたまらないという野心的なアスリートは大勢います。この新しい本でリック・ウォルフは、彼らの目標を達成するためには、身体的なスキルを強化するためのメンタルキューカードやマッスルメモリー（筋肉の記憶）、ビジュアライゼーション技術を使うことを勧めています。彼は問題を、自分を信じることや緊張の取り扱い方、逆境の乗り越え方などの問題を分解し、それらを前向きなものに変えています。どんなコーチや野心のあるプレーヤーもこの本を読んで、試合が始まる前から競争で先にいくための奥義を学ぶ必要があります。もし自分の試合のやり方を向上させることや、前に進むのに邪魔になることを置き去りにしておくことに興味があるなら、この本だけがあなたの目標達成を早めることができるでしょう。身体的な能力があなたをここまで連れてきてくれました。しかし、人格の精神的、心理的な側面があなたの運命を形作ります。この本を読めば、競争に勝つことができるでしょう」

——**ジョー・マッキルヴェイン**、ボルティモア・オリオールズのシニアアドバイザー

＊

「成功と失敗の間にある違いはあなたの頭の中にあります。忘れないでください、クーパーズタウン（野球発祥の地）のアメリカ野球殿堂博物館に殿堂入りしているほとんどのバッターは、10打席で7打席は失敗していたのです。リックは早くから思い切ってスポーツメンタルトレーニングの世界に飛び込み、そしてパフォーマンスに対する彼の取り組み方は、すべてのスポーツにおけるアスリートが小さなリーグから大きなリーグにたどり着くのに役立ってきました。これはアスリートとコーチも同様に読む価値のある本です」

——**ジョージ・C・パパス**、タンパベイ・レイズの国際&マイナーリーグディレクター補佐、『A Tribe Reborn: How the Cleveland Indians of the '90s Went from Cellar Dwellers to Playoff Contenders』（生まれ変わった部族：90年代のクリーブランド・インディアンスはいかにして最下位からプレーオフで優勝を狙えるようになったのか）の著者

目次

本書の背景

最初にスポーツメンタルトレーニングに取りつかれたのは１９７０年代初め、ハーバード大学の学生だったときです。あまり知られていませんが、その時期のハーバード大学の野球チームは結構強かったのです。米国の大学のトップチームの一つでした。大学2年生のとき（１９７１年）には、オマハで行われた大学一部のワールドシリーズに進みました。そして１９７３年と１９７４年に再び大学ワールドシリーズに出場しましたが、そのときにはすでにドラフトにかかり、デトロイト・タイガースに入団することが決まっていました。

さて、私は、プロ野球選手時代に何度かバッティングでスランプに陥ることがありました。それを克服しようと何時間もバッティングケージで過ごし、細かな技術に磨きをかけ、良い状態を維持しようとしていました。そして、「どんなピッチャーのボールだろうと、瞬時にそして正しく反応できるように自分の筋肉を『鍛える』ことができるはずだ、そして、もし基礎的な心理学的アプローチをマスターできたら、プロのどんなレベルのボールもうまく打つことができるはずだ」と考えました。

しかし、当時は、スポーツメンタルトレーニングに関する実践的な教本はなく、残された未開拓の、完全に新しい分野でした。もちろん、プロや大学のアスリートを対象としたスポーツメンタルトレーニングはありませんでした。まさに存在しないトレーニング法だったのです。私は自分の試合に精神面で有利になれることならどんなことでも見つけて、それを伸ばそうと決心していたので、マッスルメモリー、ビジュアライゼーション、メンタルキューカードなどのような目新しい術語が見られる多くの本に飛びつき、読みました。

最初に見つけた本の一つに、成功を収めた外科医、マクスウェル・マルツ先生が書いた、『Psycho-cybernetics』（サイコサイバネティクス、心理的人工頭脳）という本があります。そこには手術の準備の仕方について詳しく書いてありました。彼は手術の各段階を正確に「ビジュアライゼーション（イメージトレーニング、視覚化）する」ことによって、自分の手や指の筋肉をトレーニングしていました。頭の中に手術の最初から最後まで、手術をあらゆる点から「見よう」としたのでした。実際の手術前にそうすることによってのみ十分な準備ができる、と考えていたのです。これはしっくりきました。私は出場する試合のたびに試合に向けての精神的な準備方法として、マルツ先生の方法を改変しながら利用し始めました。

このビジュアライゼーション法によって、「精神的に準備ができていて、自分のアスリートとしての能力が最高の状態でプレーする用意ができている、試合でのパフォーマンスを高いレベルに引き上げるための精神的な準備はできている」という感覚で、どの試合でも、そしてすべての試合でプレーできました。実際に、スポーツメンタルトレーニングのゴールは、自分のアスリートとしての能力がピークの状態で競えるようにするための用意はできているという感覚に持っていくこと、なのです。

現役を引退して数年後、大学の監督をしているときに、スポーツメンタルトレーニングについて研究したわずかばかりのことを基に本を書きました。１９８６年にPrentice-Hallから出版された、『The Psychology of Winning Baseball』（野球で勝つための心理学）というものです。その本の出版は私の人生に思いがけないエキサイティングな進展をもたらしました。

１９８９年、オークランド・アスレチックスのスポーツメンタルトレーニングの巡回コーチだったハーベー・ドルフマンの紹介で、メジャーリーグの数チームのゼネラルマネージャーから連絡をもらい、最終的にクリーブランド・インディアンスと契約することを決めました。インディアンスは長い間メジャーリーグ野球の笑いぐさ（大ヒット映画『メジャーリーグ』を思い出してください）で、クリーブランドの洞窟のような古いメモリアル・スタジアムで５０００人にも満たないファンの前で試合をするのが普通でした。それから5年の１９９５年に、そのインディアンスがアメリカンリーグのペナントレースを勝ち続けたのでした。

この本が取り扱っていること

「ちょっと何回か深呼吸しなさい、そうすれば落ち着ける…」

「ポジティブなことだけを考えよう」

もちろん、このような単純な助言が有効な選手もいるでしょうが、たぶん何年かの私の現場での仕事で、そのような解決法が役に立ったことはありませんでした。そこで、この本を書く決心をしました。試合でのパフォーマンスを向上させるために、信頼できて実践的な心理学的な方法を取り入れたいと思っているアスリートが、簡単に読めて簡単に実行できる実践ガイドブックを書くときがきた、と思ったのです。

もしも一流のアスリートである、またはそうなりたいと考えているなら、私を信じてください。あなたには系統的で整理された心理戦の方法が必要です。そしてそのために私は、この本を通して、あなたが簡単に進んで行ける一連のステップと正しい軌道に乗るためのガイドラインを提供したいと思っています。

私のちょっとしたアドバイスであなたは、ひとつひとつの試合に向けてどのように準備するかについて考えるようになり、もっと重要なことは、試合中、必要なときに自然に気持ちを調整できるようにする方法について考えるようになるでしょう。

体を調整するのと同じように心も調整する

多くの人は試合前の食事について真面目に考えるなど、体をいい状態にするための努力をしています。しかし、驚くべきことに、次の試合に向けて気持ちをどのように準備しようかと考える時間を多く取るアスリートはあまりにも少ないのです。試合についての考え方について知り、そして試合に精神的に準備することについて知る――試合はスポーツメンタルトレーニングの主要な要素なのです。

アスリートは競争のピラミッドを登り続けていると、あるレベルから次のレベルに進むのはもっと難しくなります。突然、そのとき人生で初めて、自分と同じように大きく、速く、強く、そして有能な、別の優秀なアスリートと向かい合うことになるのです。この高いレベルに達して新たな強みを作るには、スポーツメンタルトレーニングの世界を探索して、精神面での新しい準備方法を見つけ出すことが極めて重要になります。そしてそれがこの本の主要な目的の一つです。

この本によってスポーツメンタルトレーニングの方法を知るだけでなく、ここで示すいくつかのヒントに従うことで、試合でのパフォーマンス・レベルが向上し、さらにそのレベルを安定して維持できるようになるでしょう。

この本の終わりまでに、あなたは以下のことを理解し、発見し、学ぶでしょう。

・スポーツメンタルトレーニングの基本を理解する
・スポーツメンタルトレーニングについての神話や誤解を発見する
・試合に向けて精神面でもっとうまく準備する方法を学ぶ
・試合の熱気の中でうまく合わせていけるように自分の能力を修正し、整理する
・挫折をどう取り扱うかについて学ぶ。もっと重要なこととして、失敗や敗北から学ぶにはどうすればよいのかについて知る

私は大学やプロでプレーし、また大学やプロでコーチを務めてきたので、多くのアスリートが新しい見識や情報を簡単に理解できる方法とそれらを正しく応用できる方法を知りたいと思って

いるのを知っています。そのため、この本をそのような形で書こうとしたのです。すなわち、格式ばらずに、スポーツメンタルトレーニングについての最新の考え方や研究と、私が何年かにわたっていっしょに働いた、さまざまなトップアスリートたちから得た見識とをつなげてみようと取り組みました。

では、始めましょう。

リック・ウォルフ　２０１７年秋

第1章

メンタル
トレーニングの
目的

AN INTRODUCTION TO SPORTS PSYCHOLOGY

メンタルトレーニングが必要なとき

「できることならばもう二度と経験したくない、本当につらい30分間だった」

これはジョーダン・スピース（訳注：２０１５年マスターズ・ゴルフトーナメントの覇者）が、２０１６年マスターズ・ゴルフトーナメント終了直後に述べたコメントである。後半戦の始まりである10ホールのティーショットに向かう時点では、それまでの３日間で２位に５打差をつけており、一見すると余裕で優勝するものだと思われていた。しかし、この日のスピースはいつもの彼とは異なり、連続ボギーとそれに続く４オーバーによって精神的に崩れていった。そして最終的に、それまでに予想もできなかったようなとんでもない結果となってしまったのだ。

スピースが本調子を取り戻すまでの間に、それまでの５打差のリードは消滅し、無名だったイギリス人のダニー・ウィレットがリードを奪い、その後に再び順位がひっくり返ることはなかった。こうして２０１６年のマスターズは、ダニー・ウィレットが制することとなる。これは裏話なのだが、妻が第一子を出産予定であったウィレットは、もともとこの大会には参加せず、妻のそばについているつもりだった。しかし、出産が予定よりも早まったため、大会に参加する運びとなったのだった。

ところで、世間はスピースの失速にばかり注目し、ウィレットがたった6ホールしか残されていない状況で、5打差のビハインドを負っていたという事実にはあまり注目が集まらなかった。スピースが崩れていく一方で、ウィレットは5アンダーのスコア67でその日を回り、それはその週のベストスコアに匹敵していた。最終ラウンドではノーボギーだったのである。

言い換えれば、スピースが優勝のかかった重要な場面に適応できずにもがいている間に、ウィレットは落ち着いて自分の仕事をいつも通りにこなしたのだ。スピースにリードされ、自分が不利な状況であることを、ウィレットはよくわかっていたことだろう。しかし、ウィレットはその場面でも、自分のプレーをする方法を見つけ、崩れることはなかったのだ。

このゴルフ界で起こった出来事は多くの点において、ハイレベルな試合の中でスポーツメンタルトレーニングが果たす役割を表しているといえるだろう。

スピースがこの厳しい局面に陥っている間、修正すべき技術的な問題はあったのかもしれない。しかし、彼のコンディションは良好で、疲労が蓄積していることもなかった。彼はいくつか誤ったプレーを選択し、その後調子を取り戻そうとしたにもかかわらず、さらなるミスを重ねていったのだった。

このことが私たちをスポーツメンタルトレーニングの世界へと誘うのである。

一方ウィレットは、試合に悪影響を及ぼす興奮や感情の高まりを抑えることができた。彼は堅実なアプローチのもとプレーし、予想外の試合展開にもそれを崩さなかった。

運命を決する午後、驚くべき才能を持った二人のゴルファーがオーガスタ・ナショナル・ゴルフクラブに立っていた。しかし、ウィレットが堅実な精神状態のもとでプレーし成功を手にした一方、スピースは明らかに心理学的悲劇の犠牲者となったのである。

その夜から数日間、スポーツラジオトークショーにジョーダン・スピースに対するアドバイスの電話がたくさんかかってきた。

「彼がしなければいけないことは、今すぐオーガスタ・ナショナル・ゴルフクラブへ向かい、しくじった3ホールをもう一度プレーすることだ。これらのホールにうまく対処し、できると確信することが必要だ。さもないと、彼は永遠にこの悲劇の記憶によって悩まされるだろう」

一方で全く反対のことを述べる人もいた。

「いやいや、彼はトッププロなのだよ。最善の方法は忘れてしまうことだ。外へ出かけ、ビールでも何杯か飲んで、もう今回のことを振り返らないことだ。所詮ゴルフなのだから、時にはこんなことも起こるのさ」

あなたならジョーダン・スピースに会って、彼の散々なパフォーマンスに同情を示したあと、彼の回復のためにどのようなアドバイスを送るだろうか。

スランプから抜け出せないバッターに対して、どのようにアドバイスするだろうか。

拮抗した試合の終盤でフリースローを沈められないバスケットボール選手には、どうアドバイスをするのか。

重要な局面に限っていつもの強く正確なキックができなくなってしまうアメリカンフットボールのプレースキッカーに対しては、どうだろうか。

あなたがこの本から学び得られる教訓があるとするならば、それはゾーンにどのように突入するのかということだ。それがこの本から得られる究極の報酬だ。

目的はゾーン

パフォーマンス向上に役立つ心理学の世界に足を踏み入れるには、さまざまなきっかけがある。

しかし、まずは前提となる基本的なことを確認しておきたい。

それは、トップアスリートは白熱した試合の中でも常に余裕を持って動き、自分のできることに集中したいと望んでいるということだ。つまり、いつも安定した高レベルのパフォーマンスを目指している。

もちろん、身体的な才能、反復練習は重要だ。しかし、アスリートとしての険しい坂道を一度登り始めると、周囲の選手が自分と同じ才能の持ち主であることに気づく。そして彼らは才能に加えて、技術を磨くためのトレーニングに膨大な時間を捧げてきているのである。

NFLのスーパースター、J・J・ワットが出演している2017年のゲータレードのCMをチェックしてみよう。アスリート全員が、試合で勝利するために全力で取り組んでいる様子を表現している素晴らしい映像である。

では、トップアスリート同士の戦いに勝利するためには、何をしたらよいのだろうか？考えてみよう。

あなたが大学チーム、もしくはプロでプレーすることを視野に入れているとして、大学やプロのスタープレーヤーの今までの戦績を少し調べてみよう。

好きなアスリートを2、3人選び、彼らについてグーグルで調べてほしい。ウィキペディア、もしくは彼らが現在プレーしている大学やプロチームのウェブサイトを見てみよう。

彼らの高校時代の戦績を調べると、彼らの生まれて育った街がどこであろうと、例えばそれがオーランドもしくはトピカ、スポケーンだろうと、高校時代にすべてのタイトルを獲得しているだろう。チームキャプテンを務めたり、リーグのＭＶＰに輝いていたりしているはずだ。

また、トップアスリートは１つのスポーツだけではなく、さまざまなスポーツで好成績を収めていることが多い。つまり、彼らは高校年代までは１つのスポーツに特化する必要がないくらい、身体的な才能に恵まれていたのである。言い換えれば、幼少期からトップアスリートとみなされていたのだ。

次にその選手のチームメイト、特にプロやトップリーグで活躍する選手について調べてみよう。チーム内のほとんどの選手が、高校時代から同じような好成績を残していることがわかるだろう。端的に言えば、この国には多くのトップアスリートがあらゆる場所に存在し、素晴らしい経歴を持っている。そして彼らは、自らのすべてを競技に捧げ、試合で活躍するために１年を通してトップコンディションを保つ努力をしているのだ。

いろいろと述べてきたが、今までの話をまとめると次のようになる。

数多くのトップアスリートが存在し、その全員が熟練し、勝利することを望んでいる。では、その中で彼らが成功をつかむためには、何が決定的に重要な要素となるのだろうか。

私がクリーブランド・インディアンスで巡回スポーツメンタルトレーニングコーチとして働いていたとき、まさにこのポイントについて多くのメジャーリーガーと話し合った。そして彼らは全員、1つの要素を指摘したのである。それが**「試合におけるメンタル面」**だ。神様から与えられた才能だけに頼っていては頂点に立つことはできない、と彼らは感じていのだ。ランニング、ウェイトトレーニング、技術トレーニングといった身体的な準備に加え、それぞれの試合に向けてメンタル面からもアプローチすることが必要だったのだ。

高校年代までは、身体的な成長のために一生懸命トレーニングしてきた。そしてランニング、ジャンプ、キャッチング、スローイング、バッティングなど、多くの場面で彼らは優れていた。そしてこのことは彼らにとって、試合が始まった瞬間に身体的な準備ができていると感じるのに十分であった。彼らは勝利するだけではなく、その中でも抜きんでていた。

しかし、次のレベルに達した瞬間、その状況は劇的に変化する。ほとんどのアスリートは高校から大学への大きな飛躍に対して準備できていない。アスリートとしてのキャリアの中で初めて、自分と同じように才能があり、身体的に恵まれ、スピードのあるトップアスリートと対峙することとなる。そこでは彼らは突然、**「平均」**になってしまうのだ。

小さな池の中の大きな魚から、大きな池の中にいる平均的な魚に成り下がってしまうのである。

そして心の中で、新しいチームメイトと比べ自分が優れていることを示す証拠はあるのか、と心配し始める。中には正面から対峙するのをやめてしまうこともある。

高校のバスケットボールチームでセンターを任されていた6フィート4インチ（193センチ）の選手は、大学で突然壁にぶち当たる。そこには6フィート4インチのガードがいて、彼がポジションを競うフォワードやセンターは6フィート8インチ（203センチ）かそれ以上であり、かつ彼と同様に体をしなやかに動かすことができる選手たちだったからだ。

こういったケースでは、選手は大きな決断を下すこともある。自分は競技をやめたほうがよいのだろうか、プレー時間が十分に得られていないことを理解してよりレベルの低いチームに移籍したほうがよいのだろうか、と。

ここでのポイントは、彼らがただ単に身体的に対抗できなくなったわけではないということだ。幼少期からスター扱いされてきた若者にとって、心理的な面において非常に衝撃的なことなのである。端的に言えば、とてもつらい過渡期だということだ。

では、こうしたレベルの高い大会で戦うことのできる才能と身体的な技術を備えた6フィート8インチ（203センチ）の選手についてはどうなのだろうか。彼がスタメンになるために、コーチたちに印象づけなければならないことはなんなのだろうか。

言い換えると、似通った身体的スキルを有するトップアスリート同士が競う際、他の選手よりも生産的で安定した存在になる選手とそうでない選手との間にどんな違いがあるのか、ということだ。コーチの視点からすると、試合中に動じないこと。安定して基本的な役割を果たす選手、難しいゲーム中でもプレーの計算ができる選手が必要とされるのである。

他の選手よりも上のレベルを目指すとき、メンタル面が鍵となるのである。彼らはより高いレベルでプレーできるよう、目の前の気を散らすすべてのものを排除する方法を知りたいと思っている。たとえスタジアムが満席で最高潮に盛り上がっていたとしても、騒がしい応援に気がつかないくらい目の前のタスクに集中した状態でありたいと望んでいる。彼らはいつも通りの高いレベルのプレーができるように、試合中のプレーをゆっくり感じたいと願っているのだ。

つまり、彼らはゾーンに入りたいのだ。なぜだろうか。ゾーンに到達すると、全身と脳は完全にシンクロして一体となる。そして一生懸命練習してきたすべてと、神様から与えられた才能とが一体となり、ちょうどよい精神状態とともに最高の能力を発揮することが可能となるからである。

これこそがスポーツメンタルトレーニングの究極的な目的なのである。

そしてそれがこの本の目的でもある。あなたの身体能力を最高レベルに引き当てようという試みなのだ。

これは簡単なことではなく、そうなれるという何か保証があるわけでもない。また、難解な心理学用語を理解する必要もない。

しかし1つだけ確かなことがある。もしあなたがこういったメンタル面について理解していないとしたら、それを理解している他のトップアスリートとの戦いに、丸腰で立ち向かうことになるということだ。そしてあなたはまさに不利な状況に置かれることになるのだ。

自分の課題を把握する

ここでハーベー・ドルフマンについて紹介したい。彼は過去40年間にわたり、誰よりもスポーツメンタルトレーニングの分野で革命を起こしてきた人物である。

数年前、彼は75歳で息を引き取った。もともとはニューヨークのブロンクスで育ち、高校の英語教師であった。結婚後は、妻と子どもたちと田舎のベルモントに移り、私立高校で教鞭を執った。彼は生涯、咳と息苦しさに悩まされていた。しかし、彼はすべてのスポーツを愛し、競争心が旺盛であった。その情熱は、息切れという能力的な制約があっても、大学サッカーチームのゴールキーパーになるには十分なほどだった。

彼は古典的な文学作品を愛読する読書家であり、彼もまた素晴らしい書き手であった。彼はハーベー・A・ドルフマン（H.A.Dorfman）の名で本を著した。夏はバーモントでモントリオール・エクスポズ（現ワシントン・ナショナルズ）のマイナーリーグ2Aの2軍チームのプレーを観て過ごし、そこで少しずつ、エクスポズ2軍チームの監督であったカール・クーエルと親交を深めていった。そしてまもなく、何人かの選手に対し、有用な心理的なアドバイスをするようになった。

これはすべて1980年代初期のことである。すでに述べたように、プロスポーツにおいてスポーツメンタルトレーニングが全く受け入れられていない時代の話である。ドルフマンは野球界において真の先駆者であった。特にクーエル（オークランド・アスレチックスへ異動した）は、彼をスポーツメンタルトレーニングの巡回コーチとして雇ったのである。

このことはスポーツ界全体を見渡しても、本当に革命的な出来事だった。その時代、他のプロ野球チームはもちろん、他のどんなスポーツのプロチームにおいてもスポーツメンタルトレーニングコーチを雇っていたチームはなかったと思う。

また、ドルフマンがもともとは英語教師としてトレーニングを受けていたということも忘れてはならない。彼は心理学の博士号は持っていない。そして女子バスケットボールチームを1年か2年指導したことがあった以外、一切スポーツの指導経験はなかった。言い換えれば、彼は心理学、もっと言えば野球の経験すらない一人の教育者だったのである。

しかしドルフマンはアスリートとコミュニケーションをとることに関して特有の才能を持っていた。彼の声は、彼がどこにいようと聞こえるような特徴的なものだった。話している間、選手をリラックスさせるために、彼はわざと無礼な言葉を会話の中に散りばめた。相手がどれほどのスタープレーヤーであろうとも恥ずかしがらずに接した。そんなことは彼には関係なかったのだ。彼は選手にどのように近づいていけばよいのかを熟知していた。そして選手たちは「自分の現実を直視すること」を強いられたのだった。

これは直接的で対決的なぶっきらぼうなアプローチであった。彼が私に何度も言ったことを覚えている。

「リック、もし君が単に、メジャーリーガーに純粋にポジティブに考えてほしいとか、彼らに言い訳をさせておきたいのなら、それは君の時間を無駄にしていることになる。彼らの時間も同様にね」

「私の仕事は彼らの周囲の人間がやらないことをすることだ。彼らの取り巻きや周囲の人々は、彼らがいかに偉大か、どれほど才能があるのかということを伝えている。でも彼らが本当に聞きたいことはそんなことではなく、仕事をちゃんとできていないという事実なのだ」

そのころ、ドルフマンはよく怒っていた。

「監督やコーチは選手に本当のことを伝えない。選手を侮辱してしまって、スタープレーヤーとの関係を失うことを恐れているのだ」

「しかし、それこそが選手が必要としていることなんだ。彼らに説明責任を持たせ、彼らの顔に鏡を持っていき、見ろ、君の打率は2割以下、ストライクは投げられない、そしてエラーはとてつもない数だよ、これが君の現実だよ、と」

「だが、私はきっぱりと彼らに伝える。ひどいパフォーマンスに対して君はどうするつもりなんだい？　答えを求めて私のほうを見るな、私は答えを持っていないのだから。答えを見つけ出せるかどうかは、すべて自分次第だ。家に戻ってもっとビデオテープを見て、もっと注意すべき点はないか？　試合中にもっと修正する必要はないか？　フィジカルの状態を戻す必要はないか？　解決法が何であれ、それは自分自身の中にあるものだ。そしてその答えを見つけるためにこそ、もっとお金を使わなければならない」

ドルフマンが前途有望な若いメジャーリーガーにこのように接している姿を最初に見たとき、

私は驚いた。とても挑戦的な態度であり、何が起こっているのか私にはわからなかったのだ。それにもかかわらず、その若きスタープレーヤーは彼の話を熱心に聞き、彼が一息ついた瞬間、飛び上がって彼に何度もお礼を言った。

「ハーベー、今まで誰も僕に真実を伝えるような腹の据わっている人はいなかった。スランプに陥っていると感じているときにはいつも、言い訳を許してくれる人たちに囲まれてきた。しかし、真実は……ハーベー、あなたから聞いた。僕は自分自身を成長させる必要がある。これを最後に、正しい道に戻るために必要なことに集中しなければならない」

前述のように、このやりとりは、私にとって驚愕であった。

しかし、その後もドルフマンがこのように選手と接する様子を何度も見ることとなった。発展途上のマイナーリーガーだけでなく、地位を確立したメジャーリーガーのスタープレーヤーに対しても同様であった。彼は臆することなく、選手たちが聞きたくない事実を伝えていた。彼らのパフォーマンスが良くないということだけでなく、悪いのは君だ、とも正直に伝えていた。

ドルフマンは言い訳を聞くのが嫌いで許さなかった。もし、努力不足やパフォーマンスが悪いことに対する言い訳をしたら、彼は端的にこう言うだろう。

「別にいいよ。もしそれが君にできるベストなのだとしたら。それまでだよ。引退後の人生が幸運なものになるように祈っているよ。君は明らかに終わりに近づいているからね。私個人としては、君がこの競技で頂点に立ったとは思えないよ。君も同じように感じているとは思うけどね」ドルフマンは選手を辱めたわけではない。むしろ、選手の挑戦する意欲を心理的に引き出していたのだ。

もちろんのことであるが、私はドルフマンのアプローチとスタイルを言葉に変換してここで伝えている。私は、彼がただ単に選手を激励していただけだったという印象を与えたくない。彼は長期間選手とともに働き、選手が常に心理学的なガイダンスとサポートを必要としていること、選手が道を踏み外し始めたときにその事実を彼らに伝える人間を必要としていること、をよく理解していたのだ。

トップアスリートと歩んだ長いキャリアの中で、彼は決してメディアや、他のいかなる人にもクライアントが誰であるかを明かさなかった。しかしある日、私が彼のノースカロライナの自宅を訪問したとき、たまたま彼のオフィスを歩き回る機会があった。壁には大物スターたちの写真が掛けられ、その中にはリーグの殿堂入りを果たした者もいた。写真にはそれぞれメッセージが書かれていた。

「ハーベー、君のサポートに対してどのように恩返ししたらよいだろうか。あなたの存在なしに、私は決してこの試合までプレーを続けることはできなかっただろう」

ドルフマンに対するメッセージは驚くべき内容であり、その数もすごいものだった。そして近年これらのスタープレーヤーの中には、彼に対しての称賛を公の場で述べる者もいる。最も彼に対する感謝を表明しているのは、ジェイミー・モイヤーである（訳注：30代後半から本格的に開花した遅咲きの選手。数々の年長記録に名を連ねている）。彼はメジャーリーグで最年長勝利を挙げたピッチャーであり、（当時49歳。訳注：2012年）、自伝である『Just Tell Me I Can't』で次のように述べている。「もしドルフマンと話す機会がなかったら、私は野球を辞めていた」と。

モイヤーは当時、マイナーリーグで好成績を挙げていた軟投派の左ピッチャーだった。しかし、メジャーリーグで成功するために、より速い球を投げる技術を習得しなければならないと感じていた。メジャーリーガーに対して内角に投げて、強く打ち返されることを恐れていたのである。その結果、モイヤーはそういったプレーを避け、結果として彼の成績は低迷していた。

ドルフマンはモイヤーと話し、マウンドで球のスピードを変えるときに、自分を信じるということに挑戦させはじめた。そしてすぐに、モイヤーは素晴らしい結果を収めるようになったのだ。

彼のキャリアは永遠に続くようにさえ思えた。その後20年間、モイヤーは145キロの速球を投げず、スピードに緩急をつけるピッチングでメジャーリーグの中で生き残った。モイヤーは、「自分が成功したのはすべてドルフマンのおかげである」と確信していた。ドルフマンはモイヤー自身の中に存在していた、マウンドでベストを尽くすための勇気を解き放ったのだ。

ドルフマンは並外れた能力を持った珍しい人間であった。彼の家は壁中が本棚で埋め尽くされていた。毎週日曜日にニューヨーク・タイムズのブックレビューを読むことを楽しみとし、野球のデータを細かくチェックしていた。

最も重要なことは、彼はアスリートとのかかわり方について理解していたということだ。どのように選手との間にある壁を取り除くのか、どのようにして選手を本当に悩ませている事実を話させるのか、といったことについて彼は熟知していた。

アスリートは、どうしたら自分自身に対して客観的で素直になれるのか、を学ぶ必要がある。そしてこのことが彼らにとって、スポーツメンタルトレーニングに心を開く、本当の最初の一歩になるのである。新聞の切り抜きや見出し、ビデオのハイライトリールなどは全部片付けてしまおう。もしスポーツでもっと良い成績を残したければ、自分がどんなプレーを得意としているのか、そして何を向上させる必要があるのかについて学ぶのである。

前述のように、私を多くのメジャーリーグの監督にスポーツメンタルトレーニングのコーチとして推薦したのはドルフマンだ。最終的に私はクリーブランド・インディアンスと契約を結んだ。それはインディアンスのフロント陣が、チーム強化のためにスポーツメンタルトレーニングを取り入れることを熱望していたからだ。そして私は、彼らの目の前の課題に取り組もうとする決意に感銘を受けたのだった。

１９９０年、私はインディアンスの春のトレーニングを見て回ることから始めた。これは選手、コーチと友好的な関係を築くためである。彼らには私のことをフロント側の人間として認識してほしくなかった。彼らの味方であり、チームの一員であると認識してほしかったのである。

ドルフマンは選手に受け入れられるための方法について、私に含蓄のあるアドバイスをしてくれた。「リック、彼らは本能的にとてもとても敏感になっているのだ。スーツとネクタイで現れる精神科医なんかと話すことをね」。続けて彼は私に言った。「まずは私がやったようにやりなさい。ユニフォームで野球場に行き、チームに君が馴染んでいるところを彼らに見せるのだ。できるならば、春キャンプで内野手にノックしなさい。バッティング練習の球も投げなさい。そういった姿を見れば見るほど、彼らは君を受け入れ、話すようになるはずさ」。

これは素晴らしいアドバイスだった。ドルフマンはやはり正しかった。1990年の春キャンプでの出来事だ。当時、まだまだスポーツメンタルトレーニングのコーチは珍しい存在だった。ほとんどの選手はスポーツ精神科医と話している場面を見られることに対して、いくらか抵抗もあっただろう。しかし、選手たちは私の姿をフィールドで見ることで、私がチームの一員として試合にかかわる人物だと感じるようになっていった。そして私がかつてデトロイト・タイガースにドラフト指名され、プレーしていたことが噂で広がったときには、彼らはリラックスし、私に対しても気楽に接するようになった。言い換えれば、そこに存在していた心理的バリアがなくなったのである。

選手との信頼関係を築くことは極めて重要だ。前述の通り、ドルフマンは常にカウンセリングする選手の前でユニフォームを着ていた。彼がバッティング練習で球を投げなかったときでさえ、彼の態度や大きな声、選手の周囲でリラックスしていることは、全員にあたかも彼がチームの一員だと感じさせた。そして彼は本当に彼らのチームの一員となった。私はすべて同じようなやり方を試みたのだ。

現在まで話を進めよう。最近はメジャーリーグのチームでも、スポーツメンタルトレーニングコーチをスタッフに迎えている。そしてそれはとても良いことだ。しかし、実際にはこれらのコーチの中でユニフォームを着て選手と話す人はごく少数だ。おそらく、それは月日を経るにつれて、スポーツメンタルトレーニングがアスリートに受け入れられるようになってきているからだろう。しかし、私がクリーブランド・インディアンスでこの仕事を始めたときのことを考えると、ドルフマンが強く推奨した通り、私がユニフォームを着ていたことは、大いに役立ったのだ。

目の前のプレーだけに集中

１９８９年、私はスポーツイラストレイテッド誌（以下ＳＩ）から、マイナーリーグでプレーすることの難しさについて記事を書く仕事の依頼を受けた。有名な映画『フィールド・オブ・ドリームス』が上映されていたころの話である。その映画では、野球が人々をワクワクさせ、前向きで幸福なものとして描かれていた。ともかく、ＳＩからの条件は、私がプロチームと契約し、2、3試合、実際に選手として試合に参加することだった。

この時点で私は38歳。そして24歳からプロとしてプレーはしていなかった。私は編集者に、21歳でデトロイト・タイガースと契約したときもプロでプレーすることは難しいものだったので、

38歳で現役選手の中でプレーするなんてことは、さらに難しいものになるに決まっている、と指摘しておいた。

それにもかかわらず、実際に現役選手とともにプレーすることがこの仕事の条件だった。しかしその後、私はそのチャンスを得ることになる。かつて大学の夏リーグで私を指導したアル・ゴルディスが、シカゴ・ホワイトソックスでスカウトのトップとして働いていた。彼は私に、「サウスベンド・ホワイトソックスがミッドウェストリーグの前半戦で1位になることが確定した。シーズンの後半戦が始まるまでに消化試合が数試合残っている」と言ったのである。もし私がサウスベンドでのプレー中に死亡しても誰のことも訴えないという誓約書にサインするのであれば、私に契約書を送る、とのことだった。

そして私は、サウスベンドで3試合プレーしたのだ。

かいつまんで話すと、私の3試合での成績は7打席中4安打、平均打率は5割7分1厘、3打点、センターへの二塁打も含んでいた。年老いた38歳の男が、20代前半の時速90マイル（約１４５キロ）の速球を投げるピッチャーと対戦した成績にしては悪くないだろう。

おそらく、私のプレー成績を一番称賛してくれたのは、サウスベンドで遊撃手としてプレーしていた19歳の選手だ。私がピシッとライナーヒットを打ったあと、彼は私に尋ねた。

「気を悪くしないでほしいんだけど……一体どうやってヒットを打ったのだい?」

それは面白い質問だった。しかし彼は本気で聞いたのだろう。そしてこのことについて考えれば考えるほど、心理学が私の成功の源だったと強く思う。私は本当に何も期待せずに、この短期間の冒険的な企画に取り組んだ。思い出してほしい。私がもともとSIに書こうとしていたコラムは、「プロで生き延びるのがいかに難しいことなのか」ということについてだったのだ。

結論を言うと、私はバッターボックスで緊張したり、不安になったり、神経質になったりすることはなかった。結局のところ、ヒットを打つことに対して、私にプレッシャーはなかったのだ。そこにいる全員が、三振してダッグアウトに戻って座るものだと決めつけていた。しかし、アスリートとして恥をかきたくはない。私はピッチャーの球とホームベースだけに集中した。他のものには一切注意を向けなかった。私は長期間プレーしていなかったにもかかわらず、自分の身体能力を信じる必要があった。

基本的なことのように聞こえるだろう。しかし、実際の試合には、知識として持っていようといまいと、心理的な重荷を持ち込むことになる。例えば、うまくプレーしたい、うまくプレーする必要がある、ヒットを打つ必要がある、コーチやスカウト、家族に対して印象的なプレーをしなければならない、などだ。こういった暗黙のプレッシャーは、フィールドやコート、氷上に入ると、あなたについてまわる。私を信じてほしい。これらの潜在的なプレッシャーをそのままにしておくと、いつか大きな被害を受けることになるのだ。

頭を整理し、気持ちをクリアにしよう。能力を発揮することを妨げる可能性のあるこういったプレッシャーで、心に負担をかけないようにしよう。余計なプレッシャーで自分自身が崩れないようにしよう。

1つ例を挙げよう。私はある日、ジム・トーミを訪ねた。彼はインディアンスのマイナーリーグシステムから昇格してきた素晴らしいパワーヒッターであった。彼がバッターボックスに向かうとき、どんなことが彼の頭をよぎっていたのか？　彼はその質問に対してこう答えてくれた。

「私はピッチャーの球を見ることだけに集中している。それがすべてだ。バッターボックスに向かって歩きながら、ある1つのことを除いてすべて頭をクリアにしている……ピッチャーの球、そしてそれに反応するのだ」

直接的だが、力強いアドバイスである。試合前の心理的なあれこれは、ダッグアウトかベンチに置いてこなければならない。打席に立ったら自分の直感と身体能力だけに頼らなければならない。そうは言うものの、難しいことだ。しかし、自分のアスリートとしての身体能力と、自分のそれまで準備してきたことを、信じられるようになることが必要なのだ。それが鍵である。後の章でこういったことを、どのようにすればよいのかについて述べる。

もう1つ例を挙げよう。数カ月前、私はWFANスポーツラジオを聞いていた。アマニ・トゥーマー（NFLで数年間にわたりプレーした才能あるワイドレシーバー）が、ニューヨーク・ジャイアンツでプレーしたクウォーターバックのイーライ・マニング（2017年現在で現役、訳注：2020年に引退）と彼の兄であるペイトン・マニング（訳注：2021年に殿堂入りした史上最高のクォーターバック）について話していた。なぜイーライ・マニングはプレーオフで良いプレーができるのか、そして彼の兄であるペイトン・マニングは、どうしていつもプレーオフで勝てそうもないように見えるのか、について解説していた。もちろん、イーライもペイトンもそれぞれのキャリアの中で2回スーパーボールを制している。しかしイーライがスタメンとして出場したプレーオフで8勝4敗という戦績をおさめている一方、ペイトンはプレーオフで14勝13敗なのである。

アマニ・トゥーマーは、マニング兄弟がポストシーズンゲームで念入りに準備をしていたことは認めていた。そしてもちろん、最高峰の身体的スキルを持ち合わせていることも認めていた。

しかし、彼はイーライについて面白い観察をしていた。彼はこう言った。

「誤解しないでほしい、イーライもペイトンと同じように勝ちたいと思っていることはわかっている。でもイーライは大事な試合でもいつも通りの準備をこなし、勝っても負けても大した問題ではないかのように試合でプレーしている」

これは興味深く、洞察力のある観察だ。トゥーマーはさらに、「イーライは、勝たなければならないといった余計な心理的な負担を持ち込んでいないように見えた。だから彼は試合中、自分の身体能力をより信じることができ、流れに身を任せることができたのだ」と説明を始めた。例えば、イーライの投げたボールがインターセプトされたり、サックされたりしたとき、彼はパニックになることなく冷静に歩いて去り、戻ってリフレッシュし、ボールを奪い返すことに再チャレンジしていた。もっと高いレベルでプレーしなければと感じたり、そうしようと自分自身に強いたりすることもなく、空回りすることもなかった。彼は自分の内的感覚とともにプレーしているように見えたのだ。自分自身にプレッシャーをかけ過ぎず、そうすることでいつも通りのプレーをすることができ、ほとんどの時間帯でリラックスしたペースでプレーし、そしてそれは彼の好プレーにつながっていたのである。

大雑把に言うと、一度試合が始まったら直感を信じてプレーしないといけないということだ。もし正しく準備して臨んでいれば、それでよいのである。メンタル面に関するあれこれには手を出さず、技術と直感を働かせるのだ。

試合中にプレーの修正はできるし、するべきだ。しかし、自分の身体能力や技術の邪魔になるようなことはすべきではない。それらはいっしょに機能しており、別々ではない。そして心理的な問題でプレーを台無しにしてはいけない。

私の理論では、身体的スキルが完全に心理学的アプローチと調和するとき、それがゾーン（試合がゆっくり進むように感じ、すべてのことが可能で手が届くように感じる洗練された領域）に達する一番の近道なのである。この本でそのすべてについて述べていく。

5割7分1厘の成績を残した1989年の3日間の話は、そこで終わらない。5年後、インディアンスでスポーツメンタルトレーニングの巡回コーチとして働いていたとき、私はインディアンス対シカゴ・ホワイトソックスのナイトゲームが行われる旧市営スタジアムにいた。

打撃練習の間、ユニフォームを着てクリーブランド・インディアンスの選手とスタジアム内を歩いていた。私のラストネームがユニフォームの背中に書いてあった。私も40代半ばに差しかかっており、周りにいる選手たちよりも相当に年をとっていることは明らかだった。

しばらくすると、ホワイトソックスの選手たちがストレッチやランニングをするために早めに出てきた。その中には、私がサウスベンドでプレーしたときのチームメイトの一人であるスコット・ラジンスキーもいた。彼は力強い球を投げる才能溢れる左ピッチャーだ。私はサウスベンドでの3日間の仕事を終えたあと、妻と子供と生活する中年男性に戻ったが、スコットはその後マイナーリーグでの昇格を続け、メジャーリーグでプレーするまでに成長していたのである。

その日、彼は私がインディアンスのユニフォームを着ている姿を見つけ、温かいあいさつを交わしたあとに、「それでリック、君はインディアンスで今もプレーしているのかい。彼らは君と契約したのか?」と私に尋ねたのだ。

実際、彼はとても真剣だった。彼は、クリーブランド・インディアンスと私がバッターとして契約を結んだと考えていたのだ。

そしてそれは疑いようのない、私のスポーツキャリアの中で今まで受け取った最大の賛辞の一つであった。

第2章

スーパースティション（験《げん》担ぎ）の力

THE POSITIVE POWER OF SUPERSTITIONS

スーパースティションは役立つか

スーパースティション（験担ぎ）は役に立つのか？　ええ、でもある程度までだ。スポーツにおけるスーパースティションは、最もよく知られている心理的な戦略の一つだ。

多くのファンは、あらゆるスポーツのトップアスリートたちが上に昇ってくるときにさまざまなスーパースティションをしていたのを覚えていると思う。そして、スーパースティションは、正確に従えば、高いレベルのプレーを維持し続けるのに大いに役立つ。

もちろん、スーパースティションは数えきれないほど存在する。野球ファンの多くは、5度首位打者に輝いたウェイド・ボッグス（訳注：レッドソックス、ヤンキースで活躍）が、試合の日の昼食にチキン以外のものを食べなかったことを覚えているだろう。NBAの古くからのファンなら、ボストン・セルティックスの伝説的なセンターであるビル・ラッセルが試合前にロッカールームで嘔吐するのを聞いてからでないと、チームのメンバーはいつも試合に向かうことができなかったということを思い出し、ほくそ笑むだろう。ラッセルが試合前の緊張状態を切り抜けると、その普通ではない試合前のスーパースティションのおかげでチームメイトはリラックスすることができ、自信を持って試合に集中することができたのだ。

もちろん、多くのアスリートは非常に迷信ぽいので、内に秘めた自身のルーチンについて話そうとしない。しかし、来たる競技のための精神の準備方法の一部となる独特またはユニークな試合前の習慣を持たないアスリートは珍しい。

幸運のゲームソックスを履いたり、球場へ特別なルートに沿って向かったり、iPod で同じ曲を聞いたりすることが、結果に因果関係があるとアスリートが感じてしまうのは、理解しやすい。その理屈は次のようなものとなる。

前回私がこの靴下を履いたとき、素晴らしい試合ができた。だから、もし次の試合で同じ靴下を履けば、また素晴らしい試合になると期待できる。

あるいは、**少なくとも、私は同じような結果を確実にするのに役立つように、非常に意識して全力を挙げて努力している**のだ。

そしてもちろん、その最初の素晴らしい試合に続いてまた優れたパフォーマンスを発揮できたら、アスリートは間違いなくスーパースティションの力を信用するだろう。これはすべて因果の魔法なのだ。アスリートは心の中で特別な靴下に感謝し、素晴らしい試合がまたできたと確認するのだ。

科学者たちは皆この意味のない結論を大声で笑うだろう。結局のところ、このような単純なスーパースティションは、どのように競争環境でのパフォーマンスに良い影響を与えるのだろうか。しかし、繰り返しになるが、おそらくスーパースティションはいい影響を与えるのだ。特別な靴下を履いているので今日は良いパフォーマンスができる、と安心したり気楽になったりするという心理的な影響を考えてみてほしい。その精神的な「セキュリティーブランケット」（幼児が安心感を得るためにいつも手元に置いている毛布）は、気持ちを楽にしないだろうか。試合開始前に、そのような安心感を望まないのだろうか。当然のことだがほとんどのトップアスリートはそう望むだろう。

仮にその夜の試合で特別な靴下のスーパースティションが効果を発揮しなければ、――当然そのようなことはよく起きるが――アスリートは「幸運の」靴下を簡単に捨てて、自分を正しい軌道に戻してくれる別の「魔法の」儀式や身につける特別なものを探し始めるのだ。

それだけではない。『ウォールストリートジャーナル』（2010年4月29日号）にケルン大学で行われた小規模ながらも有意差のあった研究が報じられている。パットの練習場で研究内容を知らない第1グループのゴルファーたちは「幸運なボール」でプレーしていると伝えられた。すると、彼らは10回中平均6・4回パットを沈めた――これは幸運なボールでプレーをしていると言われなかった第2グループと比較し、平均しておよそ2回多かった。

別の言い方をすると、「幸運なボール」という暗示によってパットの成功率が35%向上したのだ。これは偶然なのだろうか？　それとも、スーパースティションが精神面に良い影響を及ぼしているのだろうか？

「私たちの結論は、スーパースティションにはパフォーマンスを向上させる効果があると示唆される」とケルン研究の共同執筆者であったリーサン・ダミッシュは述べている。自分の幸運を信じることで、実際に「今日は自分が輝く日だ」と感じることができるという結論は、私には無視できないことだ。

コネティカット大学の心理学教授であるスチュアート・ヴァイスは、「幸運なボールだと言われるだけでも、十分パフォーマンスに影響がでる」と言う。

ダラス・マーベリックスのマーク・キューバンは、統計学と分析学を厚く信頼しているオーナーだが、彼は同じ『ウォールストリートジャーナル』の記事の中で、スーパースティションが彼のチームの高額な選手たちに大きな役割を果たしていることに驚いている。

「どのロッカールームもこっけいなスーパースティションの行列だ」

続けて、キューバンは試合前の選手たちの独特な行動について、次のように述べている。

「時間に関係したスーパースティションや、言葉のイントネーションとか、特定の会話などをスーパースティションにしているんだ。もしNBAチームの試合開始前の様子や選手たちのすることを見たら、自分が人類学者になって夢を見ているような気分になるだろう」

このことは試合前のスーパースティションを行ってもよいということを示しているのだろうか。私の意見では、それは単によいというだけでなく、むしろ歓迎すべきことだ。危険なスーパースティションを行うようになったり、実際に不便になるほど多くの儀式を行ったりするのでなければ、心と神経に満足感と安心感を与えるルーチンを見つけることに全く問題はない。むしろいいことしかないだろう。

なぜだろうか。それは、真剣なアスリートにとってどの試合も競争であり、競争のピラミッドを登るにつれて、ステップアップしていくたびに、高い才能を持つ競争力のあるアスリートと競い合わなければいけないからだ。そのうえ、対戦相手もおそらく、その人独自のスーパースティションに頼って、試合の準備をしている。

だから、試合に向けて精神と身体を高い水準に高めるために気分を良くして自信を持たせてくれる試合前の準備方法を何か見つけようというのは、スーパースティションに由来しているのかもしれない。

スーパースティションとゾーン

要するに、スーパースティションの暗黙の目的は、試合中にすべてがうまくやれるという「特別な領域」にいつも到達するということなのだ。これはアスリートが経験する非常に稀な領域だ。「試合がゆっくりに見えた」「ピッチャーのボールがちょうどビーチボールくらいの大きさに見えた」「バスケットゴールは海のように大きかった――その夜はミスするなんてありえなかった」「今夜の試合は自動操縦で飛行しているみたいだった……私は無意識だった」などということはよくいわれるところだ。

たぶん、あなたもプレーキャリアの中で、この稀な領域に達していると思ったことが何度かあるだろう。それは「ゾーンの状態」とよく言われる。その言葉は数十年前から存在しているが、実際にはこの分野の研究は、シカゴ大学の心理学部で長年主任教授を務めていたミハイ・チクセントミハイ博士が中心となって行ってきたものだ。

ミハイ・チクセントミハイ博士（訳注：フローの概念を提唱したことで知られる米国の心理学者）は、長年の研究で、この最適なパフォーマンスの感覚を明確化しただけではない。注目すべき研究は、アスリート（その他パフォーマー、外科医、パイロット、そして試合中に頂点にいなければならない人であれば誰でも）に、素晴らしいパフォーマンスはこの高められた状態にあるときに生じるのだということを気づかせたことだ。

しかし、ゾーン状態については問題点がある。それは、ゾーンにいられるのは一時的なことが多いということだ。まるで風のように行き来する。さらに悪いことに、ゾーンに到達するための方程式はない。ある日、あなたはただ入り込んでいて、完全に試合を支配していると感じる。観衆の声やその他の気を散らすものは聞こえない。天候や痛み、おなかが空いていることにも気がつかない。それどころか、対戦相手にさえも気づいていない。あなたがわかっていること、そして感じることはせいぜい、試合中に自分がやりたいことすべてが完全に思い通りにできていて、自分がその試合の采配を振るっているかのように思えることだ。

知っての通り、これはとにかく素晴らしい感覚だ。あなたには100%の自信がある。あなたに心配や不安の感覚はない。あなたは、その日のスターにならざるを得ないような優れたレベルで自分の行動すべてを意のままに動かしている。

元プロ野球選手として、私は長年にわたり、このとらえどころのないゾーンに入るのに役立つ試合前の準備方法を、どうすれば開発できるだろうかと思ってきた。そしてさらにうまくいけば、ゾーンに到達した場合、どうすれば自分がそこにいるということを確かめることができるのかと思ってきた。

ところで、もしもまだ私が言う「ゾーン」が何を意味するかわからないとすれば、次のような説明をさせてほしい。今までに、学校での重要なテストのような過酷な作業に完全に夢中になっていて、突然顔を上げたらあっという間に時間が過ぎていたという経験はないだろうか。例えば、テストは午後1時に始まり、あなたは試験問題を解くことに集中し過ぎていて、時計をちらっと見たら、気づかないうちに午後3時になっていた、というようなものだ。

もしくは、ビデオゲームをしていて、画面上の動きに追いつくのに夢中になっていたため、時間の経過を完全に見失い、やっと中断して休憩を取ったら、知らないうちに1時間が経過していたことに気づいて驚く、というようなものだ。

ゾーンに入ると、集中していて時間の経過がわからなかったという感覚になる。多くのアスリートが気づいてきたように、それはあたかもあなたの心が自動操縦の状態にあったのかのようなものだ。それはまるで本当に意識を失っていたかのようなものだ。

もちろん、これはある意味、すべて大げさな表現なのだが、どちらかといえば、ゾーンの状態にいると、実際にはいつもよりもさらに鋭敏にさえなっている。ほとんどのアスリートは、普段通りの日常の意識レベルでプレーする。それは予想されることだ。しかし、ピッチャーが完全にゾーンに入ると、ストライクを投げ続け、ひとつひとつのピッチングは正確にコーナーを突く。シューターは絶好調だと思い、コート上のどこでシュートを放っても、ボールがゴールネットを揺らすことをわかっている。こういうとき、それがゾーンの中にいるということだ。そして、ゾーン状態の人にとっては、非常に集中していて意識がよりはっきりとした感覚になっているので、外野の気を散らすものに気づいていないだけなのだ。

繰り返すが、前述のように、ゾーンは素晴らしい場所だ。実際、非常に素晴らしいので、私が出会ったアスリートは皆ゾーンに入ることを熱望していた。

ところで、ゾーンの状態にいることを、リラックスしていることや、気が緩んでいること、単に良い気分であることと混同しないでほしい。むしろリラックスし過ぎるとそっと眠りに落ちそうな感じになってしまう。リラックスすることは確かにゾーンに至る一部ではあるが、単に試合中に落ち着いていて気分が良いだけでは、必ずしも自動操縦の状態にあるということではない。そこには明らかな違いがある。

実際、試合に向けてギアを上げていくアスリートの中には、ウォームアップ中に気が緩み過ぎているとか、リラックスし過ぎているなどと感じると、不安になってしまう人もいる。ファンやコーチには一見締まりがないように見える。本人は、体に緊張した感じがないと、心の中で集中力を高めて感覚を研ぎ澄まさないといけないと思うのだ。（「試合前の不安・緊張への対処」の章で、その厄介な緊張状態について触れる。そこでは、トップアスリートはそこから逃げようとしているのではなく、実際にはそのような感覚をどんなに楽しみにしているかについて述べる）

誰もがゾーンの状態でいたいと思っている。それは当然のことだ。しかし、繰り返しになるが、誰もそこに到達することを保証する方程式や「必ず到達できる」方法を思いついてはいない、というのが厳しい現実だ。それが、スーパースティションの儀式が長年にわたって非常に好まれている理由だ。アスリートは心の中で、試合前の同じルーチンに従えば、きっと試合では自分をゾーンに引き上げてくれるだろう、と期待しているのだ。

言い換えれば、最善の方法はせいぜい、素晴らしい試合をする、そしてもっと素晴らしい、たぶんゾーンに引き上げてくれるはずと、理論的に納得することなのだ。結局は、ゾーンに入れる頻度が高ければ高いほど、もっと良いプレーができるだろうということになる。

私は、スーパースティションは素晴らしいと思うが、理性的で科学的な気持ちとしては内心、必ずしもアスリートのパフォーマンスと確かな「因果」関係があるわけではないということはわかっている。私はそれらが悪影響を及ぼすとは思わない。しかし、実際にはスーパースティションの力は長続きしないと思っている。

スーパースティションがもたらすもの

ゾーンとは何か、その体験がどのようなものかについての研究で最も信頼されている一人の男性の話に戻ろう。チクセントミハイ博士の数十年にわたるこの分野に関する研究は、ゾーンに入りたい人たちにとっては、ゴールドスタンダードだ。

スポーツの世界では、元ダラス・カウボーイズのヘッドコーチ、ジミー・ジョンソンから元アリゾナ大学の野球チームのヘッドコーチ、ジェリー・スティットに至るまで、誰もがチクセントミハイ博士の観察を称賛し、取り入れている。彼の重要な著書『Flow: The Psychology of Optimal Experience』（訳注：日本語版『フロー体験：喜びの現象学』）の中で、彼は次のように述べている。

「フロー体験で最もよく語られていることの一つは、フローが続いている間は人生のすべての不快なことを忘れることができる、ということです。活動を楽しむには目の前のことに完全に注意を集中する必要があります。フローの特徴はその重要な副産物の一つである、心に余計な情報が入る余地がない、ということです」

ゾーンに入ったことのある人は、そこにいることがどんなに楽しい気分かをすでにわかっている。問題は、定期的にゾーンの状態に戻る方法を誰もわかっていない点だ。

だからこそ、多くのアスリートが試合前の儀式やスーパースティションを行ってきたのだと思う。彼らは、以前の行動を繰り返すことで自分をゾーンの状態にまた引き上げてくれる、と強い希望を持って行っている。前述のように、ジェリー・スティットは、『Collegiate Baseball』（2016年2月12日号）のインタビューで、野球選手にとってはゾーンに戻れるかが鍵となるが、それは難しいことだと認めている。自分のチームにすごく調子の良いバッターがいたとき、そのバッターはリラックスするのではなくむしろもっと激しいバッティング練習をするべきだ、とスティットは主張していた。

「私の考えでは、選手が試合でのプレーが頂点にあるときが、最も激しい練習をするときなのです。すべて正しいということを確認することで、頂点を維持するのです」とスティットは言っていた。

スティットは続けて述べている。

「あなたがフローを体験しているときは、野球では、自分がピッチャーやボールと完全にリズムが調和していて、ボールが大きく見え、自分の体が何をしているのかさえ感じないというときです。あなたはヒットを打ちますが、多くの場合、その接触すら感じることはありません。すべてが完璧に進んでいるのです」

これが、あなたにもわかるような、ゾーンにあるバッターの描写だ。スーパースティションとゾーンに入ることとの関係に関する、スティットの観察を続けよう。

「スーパースティションはフロー体験に関して大きな役割を果たしていると思います。本当に良いバッターは皆、最も信頼しているルーチンを実施しています。ルーチンは打撃とはそんなに関係なく、バッターボックスに立つ前に自分が入っておきたい精神状態に入れてくれるだけです」

試合前の癖や儀式、別名スーパースティションが、いかにトッププレーヤーがメンタル面での準備に役立っているかを理解するのは、そんなに難しいものではない。おそらく、トップアスリートは次の試合でゾーンに引き上げてくれるという希望を抱いて、試合前の個々の準備に集中している、と強く結論づけることさえできるだろう。

パフォーマンスの前に自分の好みに合わせて作った儀式を行うのはアスリートだけではない。同じような準備をミュージシャンや舞台俳優、外科医などもよく行っている。一定期間集中して作業しなければならない人たちは皆、ゾーンの状態でいたいと思っており、このような準備をすることはすべて、通常の手続きとみなされている。これを試合前の準備、またはスーパースティションと呼ぶことができるが、最終的な目標はゾーンに入ることだ。

だから私にとっては、スーパースティションはいいことだと思うのだが、理性的、合理的、科学的な気持ちとしては、内心、明らかにスーパースティションとアスリートのパフォーマンスに確かな因果関係はないと感じている。しかし、私はスーパースティションが悪影響を及ぼすとは思わない。また、実際にはスーパースティションには長期に続くパワーはないということもわかっている。

というわけで、スーパースティションが何らかの形でゾーンに入るのを助けているのであれば、それを続けることは確かに理にかなっている。

では、アスリートの理想的な状態がゾーンにいることならば、スーパースティションに頼るかどうかにかかわらず、ゾーンに到達するのにもっと矛盾のない方法はあるのだろうか。

できたら、続きを読んでほしい。

第3章

ビジュアライゼーションとマッスルメモリー

"SEEING" YOURSELF SUCCEED

ビジュアライゼーションとは何か

遡ること1970年代初期、ベトナム戦争で捕虜になり、数年間虜囚生活を送っていたアメリカ兵がゴルフコースをラウンドしたときの話である。捕虜として、うつや極度につまらない日常生活から精神状態を保つために、図らずも熱心なゴルファーになった。この特別な兵隊は毎日、「**頭の中**」で、自分の好きな地元のゴルフコースでプレーすることに時間をかけた。彼は監房の中で眼を閉じ、それから、ティーショット、アプローチショット、パッティングのいずれも、ひとつひとつ鮮やかに、そして詳細に心に描いていたのだ。

彼は、数年後にアメリカに戻るときまで、来る日も来る日もそうしていた。そして帰還して地元のゴルフコースに出かけた。彼は実際には数年もの間コースを回っていなかったにもかかわらず、かつてないほどの最高のスコアをたたき出したのだ。この退役軍人は海外に派遣されてからゴルフクラブを持ったことはなく、帰還して今、練習もせずにゴルフコースに出たのに、かつてないほどのベストスコアを出している。そのことに、彼の友人や同伴者は、当然のことながら唖然とし、あっけにとられた。

どうすればそんなことができるのかと説明を求められた彼は、「数年間、毎日頭の中でこのコースのすべてのホールを回るリハーサルをしてきたからだ」とだけ話したという噂だ。

ところで、この兵隊が何者かについてははっきりと正確に言うことができる研究者は今までいない。そして、この話にはたぶん一粒の真実が含まれているかもしれないが、誇張されている可能性もある。しかし、それは問題ではない。重要なのはビジュアライゼーションの持つ潜在能力だ。この話は、多くのアスリートに身体を超える心理的プロセスが存在する、ということを信じさせるのに十分な説得力がある。

それから、1980年に初版が出版されたテリー・オーリックの『In Pursuit of Excellence』（訳注：日本語版『ザ・エクセレンス』）というタイトルの本がある。彼は、このビジュアライゼーションという取り組みにかつてないほど大きな信頼を寄せていた。オーリックは米国で今世紀初の主流派のスポーツメンタルトレーニングのコーチの一人だ。彼はこの本の中に「急速な進化を遂げ、最終的に最高となるアスリートはパフォーマンスのイメージ化をフル活用している」と記している。

それは非常に合点がいくものだ。しばらくして、氷上での演技で特に難しい部分をマスターしたいと思っているフィギュアスケート選手、完璧な演技をしたいと熱望している体操競技選手、または飛び込みのオリンピック代表選手など、さまざまなスポーツのアスリートがビジュアライゼーションの技術を使い始めた。

今日では、どのスポーツメンタルトレーニングのコーチもビジュアライゼーションの価値を知っており、広めている。しかし、私が大学にいたころは、スポーツメンタルトレーニングは胎生期にあり、ビジュアライゼーションはスポーツの世界で使われていなかったどころか、知られてもいなかった。先に述べたように、私自身がこの概念について知ったのは、スポーツメンタルトレーニングの本ではなく、難しい手術をするためにどのように心の準備をするかについて書いた外科医の本からだった。

その本の著者、マクスウェル・マルツ先生は、暗く、音楽もなく、他に邪魔するものが一切ない静かな部屋でベッドに横たわり、「試合前」の儀式を行っていた。そのとき、彼の心と体はリラックスし始め、呼吸が静まったとき、彼は次に行う手術のひとつひとつのステップを心の中で予習していたのだ。彼は静かに横たわっていたが、頭の中では手術室や医療器具、同僚、それから切開された部分などを克明に視覚化していた。

だんだんと、そして非常にゆっくりと、彼は手術の始めから終わりまでの重要な部分ひとつひとつを心の中で「見て」いたのだ。一度心の中での手術が終わると、マルツ先生はこのビジュアライゼーションのトレーニングから「目覚め」、現実の世界で手術を行う準備ができた、と思った。頭の中ですでに手術を済ませているので、彼にとって手術は、また練習のようにするだけのこと、となっていた。彼はまるで自動操縦のように手術を行ったのだった。

言い換えれば、彼は自分の手術の技術を集中力のより高いレベルで行う方法として、ビジュアライゼーションの技術を使っていたのだ。選手を試合に向けて「すごく楽しみで、準備もできている」状態にさせるための方法として、ただスーパースティションだけを頼りにしたくないと思っているアスリートにとって、この「精神的なリハーサル」というアプローチは納得のいくものだ。私はプロ野球選手としてプレーしていたころ、これから始まる試合での自分のプレーを視覚化するために静かで暗い部屋を毎晩忘れずに探すようになっていた。

このビジュアライゼーションの練習で極めて重要なことは、自分が上手にプレーしているのを視覚化しなければならないということだ。すなわち、決して、自分が苦労しているとか、自分自身との闘いにもがいている状況を視覚化しない。その逆を視覚化する。例えば、もし試合の流れにうまくついて行けていないようであれば、新たに試合でそつなくこなしているのを視覚化することに集中する。**自分が成功するのを見ること。**これは重要で基本的なことだ。

試合前のビジュアライゼーションを20、30分行って起き上るとすっきりするが、最も重要なのは、試合に対して自信を持ち、準備ができたと感じることだ。他の人にそれについては話す必要はなく、また試合に対する期待を自慢する必要もない。そして、今、試合に向けて精神的に準備ができたという感覚が自分の内面に深く刻まれているのがわかるのだ。

ビジュアライゼーションによって本当に次の試合でゾーンに達することができるのだろうか。いや、できない。しかし、日常的にビジュアライゼーションを練習し、それを試合前の準備として取り入れていたアスリートたちの体験からいうと、自分はこの試合で幸運にもゾーンに入れそうだと感じ始めている。私は、ビジュアライゼーションの練習によって、自信、内面のパワーの感覚、またはプレーする準備が完璧にできているという感覚が生じてくると確信している。

ビジュアライゼーションによる脳と体の調和

ビジュアライゼーションが適切に行われていると、心のパワーに徐々に気づき始め、それがいかに自分の筋肉や神経、感情のすべてを支配しているかについてわかり始める。

ここで言いたいのは、音もなく、外部からの妨害もない（背景にiPodからの音楽もなくテレビも映っていない状況）暗い部屋でベッドに静かに横たわって、ただ次の試合での前向きな面にだけに集中する必要がある、ということだ。目を閉じると、心の目に競技場やコート、野球場に向かう自分の姿が見え始める。そして、劇場の最前列から自分自身を、またはテレビ画面に映っている自分自身を、第三者のように自分が見ていることに気づくだろう。

そこには自分の顔に静かな決意を見出すことができる。自分が試合前に自信を持ってストレッチを行っている姿が見える。そしてこれらはすべてフルカラーで、高解像度で見える。

それからあなたは試合が始まったときの自分をじっと見つめる。あなたはすべてのプレーをそつなくこなしている。もしピッチャーだったら、あなたの右腕はすべてベースの鍵となる場所にボールを投げ込んでいる。変化球を自由に完璧に使いこなしている。体は流れるようにスムーズだ。あなたは自分を自由に使いこなしている。自分が成功し、うまくやっており、楽しんでいるのが見える。

あなたがバスケットボール選手ならボールを簡単に扱っている。ゴールの中心に向かってシュートを打つ。そしてボールがヒュッという音を立ててネットを通り過ぎるのが見える。手が温かいと感じる。これがあなたの輝く夜であり、あなたは失敗するはずがないのだ。

あなたはゲーム全体を体験している。ユニホームを着た相手チームも見え、そしてまた、鮮やかな全体の光景が見える。なぜかって？　あなたが「見ていること」が現実であると脳が感じれば感じるほど、脳はその光景を引き継いでいくようになるからだ。また、このようにすべてを視覚化していくにつれて、あなたは「自分の体が脳についていっている」のにも気づくだろう。

それは心の目で試合を「している」つもりになっているということだ。自分がビッグプレーをしているのを「見ている」とき、アドレナリンが体の中を激しく走りまわるのに気づくと思う。頭の中で試合をしているとき、脚や腕の筋肉が緊張し、ひきつっていることにも気づくかもしれない。試合のペースに合わせて呼吸が速まるかもしれない。ビジュアライゼーションで大量の汗をかくほど興奮するかもしれない。

それはあなたの頭が経験していることに、あなたの体が反応したことを示している。あなたの体は現実のことと単に想像されていることとを区別することができない。ビジュアライゼーションでうまくパフォーマンスしているのを見ると、体はそれについていくだけ。すなわち、あなたの手は汗で濡れ、鼓動は高まり、アドレナリンの塊が体中を駆け巡るなどが起こるのだ。24分のビジュアライゼーションのセッションで、自分が最高の試合をしたと感じてくるのは、珍しいことではない。

しかし、そこがポイントだ。あなたは自分の体と筋肉にうまくプレーしたと、精神的に「トレーニング」したのだ。すなわち、それがビジュアライゼーションで成し遂げようとしていることだ。すごい試合をするための準備が、あなたの心と体にできたのだ。

オルター・エゴ「もう一人の自分」

確かに、自信をつけるためには他の方法もある。例えば、トッド・ハーマン（訳注：起業家や一流アスリートのメンタルコーチ）は「別の自己」（オルター・エゴ）を描くという概念を提唱している。彼が行ってきたトップアスリートたちとの仕事はハーベー・ドルフマンの影響を大きく受けていると思う。ハーマンは、自分が試合で最高水準に届きそうなのに届かないと思っているようなアスリートに対しては、ある種自分とは別の人格、または別の自分を作る。例えば、次の試合に向けて準備をしている誰かに自分がなりきることを提唱している。

これは非常に興味深い心理学的な技法で、自分の限界に届きそうなのに届いていないと思っている人にとっては価値がある。例えば、練習ではすごいプレーをしているのに、なぜかわからないが、試合では練習のときと同じような高いレベルで楽しんでプレーができていないとする。そのようなとき、ハーマンは試合でうまくできるような、別の空想上の「自分」を作り出すことを提案している。

ハーマンは私と同じようにマクスウェル・マルツ先生の強い信奉者だ。最近ハーマンと話したとき、サイコサイバネティクス（マルツの著書で「心理的人工頭脳」の意味）はビジュアライゼーションの分野では影響力の大きい仕事の一つで、自分のパフォーマンスをより高いレベルに引き上げてくれる方法の一つだということで私たち二人の意見は一致した。

マッスルメモリー

これはビジュアライゼーションの結果だ。あなたは心の中に試合で絶好調の自分を「見て」、体はまるでそれがすべて現実であるかのように反応した。**マッスルメモリー**というのを聞いたことがあるかもしれない。あなたの脳は、この試合前のビジュアライゼーションの過程で、自分が試合のために必要なことを随意筋に静かに補充していた。このビジュアライゼーションの過程が、マッスルメモリーにおいて中心的な部分、ということになる。

何か癖を治すときと同じように心地悪く、ぎこちない感じがするが、意識して修正し始めて自動的にまたは無意識のうちに動くようになるまで、随意筋を「トレーニング」するのだ。では、わかるように例を挙げてみよう。

あなたにもまだ自動車の運転ができないときがあったと思う。ほとんどの10代の人たちのように、運転席への座り方やハンドルの扱い方を学ぶとき、少しぎこちなさを感じたと思う。そして、ハンドルを扱っているという現実感や感覚を得るのに、しばらく時間がかかっただろう。それから、車を運転しているときには、当然、自分の足でアクセルまたはブレーキをうまく踏まなければならない。大げさに言えば、これらのことをすべて同時に快適に行えるようになるのには、たぶん時間がかかったと思う。

今はどうだろうか。最近では、もちろん、これらの行為を意識して考えて行うことなど、ほとんどないだろう。運転席に座り、エンジンをかけ、出発する。ハンドルの扱い方や、スピードの上げ方、落とし方について一瞬も考えないだろう。

コンピューターのキーボードの前に座って、タイプの打ち方を習わなければならないときも同じだ。「q」のキーや「他の」キーの場所がわかるようになり、「どのキーでも押せる」ようになるまでには、たぶん少し時間がかかる。しかし、2、3週間かそこら練習すると、キーを探すために一文字ずつ立ち止まる必要はなくなる。そうなると、手は勝手に自分がタイプしたいところに動くようになっている。

あなたが野球選手だとしよう。あなたは何千回とバットの素振りをしてきた。しかし、今バッティングコーチに、もう少しヒッチ（タイミングをとるためにグリップを上下させる）やループ（円を描くようにスイングする）を小さくしないといけないと言われた。問題は、あなたの腕や体はそのヒッチに慣れてしまっていることだ。というのは、数年そうやってきたので、そのスイングはあなたにとって「自動的」になってしまっているからだ。

しかし今、そのヒッチをなくすために筋肉に教え直し、訓練し直さなければない。すなわち、自分のスイングの動きをゆっくりとプログラムし直す必要があるのだ。バッティング練習で修正するとか、自分のスイングを録画したビデオを見るなどして、ゆっくりとヒッチをなくしていく。しかし、ご存知のように試合でのストレス次第で、時にはそのヒッチがまた出てしまうこともある。

このとき、ヒッチがない自分を視覚化すると、本当に途方もない変化が生み出される。自分の腕や肩、手首の筋肉をループせずにバットを振る練習と同じように、メンタル面でもトレーニングするのだ。それがマッスルメモリーの基本だ。悪い部分がなくなったスイングが、無意識のまたは自動的なスイングになるように、身体面でもメンタル面でも悪い部分が消えるようにプログラムし直すのだ。

このマッスルメモリーは一晩でできるだろうか。いや、できない。しかし、どんなスポーツであれ、アスリートとして有利な立場に立つためにビジュアライゼーションやマッスルメモリーを利用したければ、修正すべき本当の問題を正確に把握して、身体的にも精神的にもその問題をどう改善するかに集中することが最初のステップになる。

私は試合前の20分のビジュアライゼーションセッションから起き上がり、自分の手のひらが汗ばんでいて、自分がすごく興奮しているのに気づいたことを覚えている。すなわち、自分の最高のプレーを「見つめ」、自分がすべてうまくやっているのを「見て」いる間にアドレナリンが駆け巡るのを体験したことで、ロックンロールの準備はできた、というような感覚になったのを思い出す。私はただベッドに横たわり、自分の脳の中で自分のすべてのパフォーマンスを「夢みていた」だけだが、体は現実のことなのか単に想像していることなのかを区別することはできなかった。私の体の随意筋にとっては、まるでちょうど激しい練習を終えたときのようだったのだ。

しかし、これがビジュアライゼーションとそれに続くマッスルメモリーを作り出す鍵であり、それらを役立たせる鍵となる。

ビジュアライゼーションは定期的に行わなければならない。毎日のルーチンの一部にすべきだ。ちょっと数回行ったからといって、望むような結果は得られない。アスリートがいかに定期的に集中して体のトレーニングを行っているかについてはすでに述べた。しかし、身についてしまった癖を特別に再トレーニングしようとするときには、メンタル面でも同じことが必要だ。

さらに、自分がより高いレベルについていくためには、修正しようと思っていることに一生懸命に集中しなければならない。反復することが絶対的な鍵になる。

ここで重要な情報だ。体は心の命令に従う。自分が到達したいことについて積極的に自分の心をトレーニングすると、体はついてくる。

ビジュアライゼーションによってゾーンへ

試合で自分がしたいと思っていることをしている、最善のそして最高の活躍をしている様子をビジュアライゼーションしよう。自分がうまくプレーしているビデオから、そういうプレーを選び、自分の心に「焼き付け」よう。

練習のときには、必ず、自分のプレーの「完璧なビデオ」を頭の中にイメージしておく。練習すればするほど、そして頭にそれらが存在すればするほど、自動的にプレーできるようになる。そして試合で「自動運転」でプレーする状態に達したとき、よりうまく、そしてより流れるように試合ができるようになる。

究極の結果は何だろうか。試合の激しさが増せば増すほど、どんどん自動的な動きになり、まさに待望の「ゾーン」に近づけるという人もいる。このゾーンというのは、試合が明らかにゆっくりとなり、すべてのことがすごく簡単にできると思えるような状態のことだ。

ヤーキーズ・ドットソンの法則として20世紀初期から教本によく引用されている、非常に有名な心理学的研究がある。ハーバード大学の二人の心理学者の研究に基づく法則であり、人は感情が中間的なところにあるときに自分の最善のパフォーマンスができる、という理論だ。すなわち、もし完全に十分にリラックスしていると、高い、最適なレベルでのパフォーマンスはできない。一方で、極端に完全なストレス状態も自分たちの最善のパフォーマンスには妨げになる。短く言うと、ピークのパフォーマンスに達するためには、人は2つの感情の間のどこかにいなければならない、というものだ。

何十年もの間、ヤーキーズ・ドットソンの法則は、大きな試合やテスト、演奏などの準備をするときに、絶対的なこととして受け入れられてきた。しかし、1970年代にユリ・アナンというフィンランドの心理学者がその法則に挑み始めた。アナンは、フィンランドや他のヨーロッパの多くのトップアスリートたちは彼ら自身でストレスレベルが高いと思っているときに実際にはいいパフォーマンスをしている、ということに気づいた。

端的に言うと、アナンは、実際にはストレスや他の感情が最高レベルの状態にあるときのほうがいいパフォーマンスをしているということを示したのだ。実際にはアスリートによってまちまちだった。しかし全体的には、試合に向けてうまく準備していると、アスリートはストレスがあることによって最も適した活動ができる領域、ゾーン（ＩＺＯＦ：Individualized Zone of Optimal Functioning）をはっきりと認識しやすいという結果だった。すなわち、魔法のようなゾーン、目的を達成しようと夢中になる領域であるゾーンに、より届きそうになっていることに気づくことが多かったのだ。

何年かにわたって、このＩＺＯＦモデルが応用され、そして修正されてきた。しかし、これは、「多くのアスリートは実際にはストレスで成長し、その結果としてストレスから逃げるとか、ストレスを取り除く必要がなくなるのだ」ということを理解している数少ない心理学的アプローチの一つにすぎない。でも、どちらかというと、アスリートはその考え方が気に入っている。

言い換えると、困難な状況で緊張することを恐れないこと、または尻込みしないことだ。実際、そのような状態はあなたがゾーンに非常に近づいていることを示しているので、むしろ緊張することを楽しみにすべきだ。皮肉なことだが、ゾーンに入ると、まるで自分が完全にリラックスしているように感じると思われる。しかし、そのような適切なレベルに到達するためには、ビジュアライゼーションの技術を磨き上げ、自分の技術レベルとそれに続いて起きる緊張感に自信を持ち、試合前の儀式とスーパースティションを頼る必要がある。そして、これらすべてが組み合わされば、自分が到達したいと思っているところに行けるのだという希望を持つのだ。

マッスルメモリーの持続性

マッスルメモリーの効果が長期に持続することについては、次のことを参考にしてほしい。N

ＢＡに殿堂入りしたリック・バリーの歴史的な下手投げによるフリースローを特集したニューヨーク生命のすごいテレビＣＭだ。このＣＭでは70代前半のリック・バリーが、ＮＢＡ選手時代にフリースローを下手投げで90％という確率で入れていたときと同じように、簡単にそして正確にシュートを決めている様子が映っている。それから彼は車で帰宅し、目隠しをしてフリースローラインに構える。

どうなっただろうか。ご想像のように、彼はこのフリースローを簡単に沈めた。

どうすればこのようなことが可能になるか。バリーは人生の中で非常に多くのフリースローを投じてきたので、彼は今ではもう、下手投げでフリースローを行うために必要な自分の腕や脚、手、指、手首など、あらゆる部位が協調した動きすべてが、自分の本能とマッスルメモリーに刻み込まれていて、それらを信頼しているだけだ。

もしテレビＣＭを見ていないとしたら、グーグルで調べてみてほしい。反復練習を通したマッスルメモリーの力の完璧な例を見ることができる。

コンピューターでのトレーニングビデオによる新たな突破口

野球界でデータ分析の人気が高まるにつれて、そして分析が多くの主要な人気スポーツに広がり、アスリートのパフォーマンスの強化方法についての分析も予想外に高まってきている。私は、筋肉や筋力を強化する、または集中力を高める、または試合に少し元気になれて、そして頑張れるようになれることがわかっている、パフォーマンスを強化するクスリについての話をしているのではない。もちろん、このようなパフォーマンスを強化する技術は、すべて禁止されている。

私は、科学の世界で興味が持たれている神経科学的なブレイクスルーについて話しているのでもない。どうしてメジャーリーガーのバッターは時速145キロで向かってくるボールがストライクかボールか、またバットを振るのに適しているかどうかを判断できるかについて、正確な医学的な説明をしようとしているのではない、ということだ。この領域の医学研究は非常に魅力的な一方で、実際にはそれらのほとんどはバッターが実践に取り入れられるようなものではない。近年のこの種の研究でわかっていることは、いまだ、バッターがバットを振るか見送るかの決断には1秒の何分の1かがかかる、ということにすぎないのだ。もちろん研究や分析に年数をかければかけるほど、このような次から次へと決断するときの脳の処理過程についてもっとわかるようになると研究者は期待している。しかし、現実世界で応用できるようになるのはずっと何年もの先だ。

ここでは、スポーツへの視覚的または身体的な取り組みについての手助けとなり、そしてそのような取り組み方を改善するのに役立てようとして考えられた、数多くの新しい戦略に焦点を当てたいと思う。アスリートがゾーンへ入るのに役立つと保証できる新しいアイデアや新しい取り組みを私は知らない、というのが厳しい現実だ。ええ、アスリートの反応時間を改善するのに役立つ、またはたぶん、周辺視野を訓練し、広げ、鋭くするシステムとして宣伝されている新しいコンピューター・ビデオゲームがある。しかし、主に2つの理由で少し心配だ。1つ目は、この領域で最も進んでいる技術でさえ役に立つとは証明されていないことだ。2つ目は、アスリートは試合全体でのパフォーマンスを改善するのには自分の能力にもっと自信を持つことが大事だと思って準備しているが、これら新しいシステムは作られ始めたばかりなのでまだ身体的な準備にしか焦点を当てていないのだ。

考え違いをしないでほしい。私はこのような努力は素晴らしいと思っている。私たちはいつも試合でのパフォーマンスを改善するための新しい方法を探している。しかし、「今年ニューヨーク・タイムズに載っていたように、科学者や研究者は認知トレーニングの恩恵について強い疑いを持っている。あらゆるスポーツで、チームや選手は、心を磨くのに必要というシステムに相当な額、正直に言うと、すごく多額な投資を続けている」というのを引用させてもらおう。

この記事はさらに「しかしながら、彼らは作り話を買わされているという専門家や、精神的なパフォーマンスを改善するように考えられたコンピュータープログラムは改善を示すグラフや大げさな主張からみて、いくらよくみても害のない偽薬であり、最悪の場合、高くつく妄想だ、という疑いを抱き続けている専門家もいる」（２０１７年５月５日付、ニューヨーク・タイムズ）と続けている。

別の言い方をすると、私たちの意見は、もしアスリートに試合で最高レベルのパフォーマンスができるようにしてくれるコンピュータープログラムやビデオゲームが発明されたら、それは単純に素晴らしいことだということで皆一致していると思う。メンタル面で重要なことはメンタルキューカード（後の章で解説）に書き出すとか、試合でうまくいかなかったことに取り組むとか、次の試合を視覚化して準備するのに時間をかける、というようなちょっと難しい、時には苦痛を伴う自己反省的なプロセスを通っていかなければならない取り組みだ。結局、そのようなことに比べたら、コンピュータープログラムやビデオゲームによる取り組みはきっともっと素早く、もっと魅力的で、もっと楽しいものなのだろう。しかし、その記事で明らかなように、神経科学に基づいた新しいコンピュータープログラムが必ず役立つとは証明されていないのだ。

しかし、このような批判や高価であるにもかかわらず、「ニューロトラッカー」や「コグニセンス」のようなプログラムの人気は高まり続けている。繰り返すが、私はなぜ若いアスリートがこのような「トレーニング」セッションに魅かれるのかが理解できる。そのようなセッションは今のアスリートのほとんどが育ってきたビデオゲームに由来しているのだ。そして、そのようなセッションをするだけで試合でのパフォーマンスを改善したいと思わない人がいるだろうか。荒っぽく推測すると、もしあなたが体重を減らしたいとしたら、ジムに出かけるとか、数週間にもわたって毎日ルームランナーに乗る代わりに、面白く、楽しい、そしてすぐに体重を減らしてくれるビデオプログラムのほうを選ばない理由はないのではなかろうか。体重を減らすことを証明するような確かな科学的エビデンスはないという事実は、考慮しないだろう。

「私は、このような視覚や知覚、認知機能の総合的な機能を発達させるという、いずれのトレーニングプログラムにも強い疑いを持っています」と、ユタ大学の健康・運動学・レクリエーション部門の主任であるA・マーク・ウィリアムスは言う（2017年1月8日付、ニューヨーク・タイムズ）。

これは少数意見ではない。『Psychological Science in the Public Interest』（2016年10月

発行）という本には、多くの研究者は「市販の脳トレーニングソフトは認知を強化することができる証拠があると企業は記載しているが、実験室の外では『限定的で、一致してしたものではない』」と結論づけている、というこのニューヨーク・タイムズの記事が引用されている。

結論はどうなのか。今、アスリートであるあなただけが、この種の「メンタルトレーニング」が自分にとって効果的なものなのかどうかを決めることができるのではないだろうか。しかし、今現在わかっている確かなことは、いわゆるトレーニングプログラムが実際に役に立つという決定的な証拠はほとんどない、ということだ。いつかこの科学的研究の一部が実践的なアプリになることを期待しているが、現時点で一人のアスリートとしては、「買う人が危険性の責任を負う」すなわち、買う人が気をつけろ、ということを座右の銘としてやっていくのが重要だろう。

技術の修正の仕方について、もっと詳しい、学術的な話を知りたい人は、ハーヴィー・J・カールソンとデイブ・コリンズが２０１６年に発表した「Implementing the Five-A Model of Technical Refinement: Key Roles of the Sports Psychologist」（技術を洗練するための５つのＡの実施：スポーツメンタルトレーニングのコーチの主な役割）（Journal of Applied Psychology. ２０１６年28巻４号３９２‐４０９ページ）というタイトルの論文をお薦めする。

この論文で著者たちは、すでに身につけている幅広い技術を修正するときには、Analysis（分析）、Awareness（気づき）、Adjustment（調整）、（Re）Automation（（再）自動化）、そしてAssurance（保証）という5つの段階に分けて行うとしている。アスリートが自分のプレーをビデオで研究し、スポーツメンタルトレーニングのコーチとともに実施していくことで、このかなりの量の「再トレーニング」が可能となる。

第4章

目標設定の仕方

THE SLIPPERY SLOPE OF SETTING GOALS

目標設定で犯しがちな間違い

私は数年にわたってスポーツメンタルトレーニングのハウツー本を読んできたが、それらの本では常に、始めのほうの章のどこかに、アスリートはシーズン前に自分の目標の決め方を学ぶべきだ、と述べている。言い換えれば、すごいシーズンに備えるには、あなたは最初に達成可能なゴールを綿密に計画する必要がある、ということだ。

目標を決めるということの背景にある理論は、スタートする前に行きたいところがわかっていないと途中で道に迷ってしまう、という重大な危険を冒してしまうというものだ。その結果、多くのアスリートはシーズンが始まる前に、自分が予想するその年の統計的数値を書き記すという頭の体操を行っている。

まとめると、前もって成功する計画を立てること、もちろん、アスリートに目標にすべき一定水準の期待を寄せておくのは、魅力的であり、ちゃんとした方法のように見る。

しかしアスリートたちとの私の経験から、目標を設定することはわかりやすい取り組みのように思われる一方で、心配なのは、自分に高い目標を課すのだが、あとから、それらの目標はあまりにも高すぎるか、またはただ明らかに非現実的なものであったと思うような人たちについてだ。

さらにもっと悪い場合には、シーズンの3分の1を過ぎたころ、またはシーズンに入ってすぐに、自分がその目標を達成できそうもないからとがっかりしてしまい、密かにその年の残りを諦めてしまうことだ。

言い換えると、彼らは自分が設定した目標がとても到達できるものではないことがわかって、必要もなく落ち込んでしまうのである。

私には、これは全く無駄なことに思える。どうして自分にそのような余計なプレッシャーをかけるのだろうか。毎日毎日の競争でうまくやろうとするのは難しいことだ。だから、どうしてそのようなプレッシャーを付け加えるのか。確かに誰もが、その年に急激に伸びるとか、スーパースターになるなどということを夢見ている。しかし、もしあなたがすべてのマイルストーンや目標を積み上げ始めたら、ほとんどの目標は到達できなかったという結果が出る前に、あなたは目標を達成しようとしなくなってしまうだろう。そして、達成できないとわかると自分の自信が徐々に破壊されていくだけだ。

例を挙げてみよう。1990年代初頭に戻る。その年のクリーブランド・インディアンスのドラフト一巡目に、ニューヨーク市のジョージワシントン高校から若い外野手が選ばれた。ドミニカ共和国出身のマニー・ラミレスという、本当に天賦の才能のあるバッターだった。彼の手首の強さとバットスピードは目を引くものであった。

私がマニーに最初に会ったのは、彼が契約してノースカロライナでマイナーリーグの1Aでプレーしているときだ。彼は物静かで内気な少年だったが、もちろんプロ生活でいいスタートを切りたいと熱望していた。そして誰に聞いても、彼は最初の2、3週間、順調に過ごしているということだった。彼はまだ本領を発揮していなかったが、稀な、唯一無二の打撃能力を持っていることが十分に伝わってきた。

しかし、ある日、私はマニーを呼び出して、バッティング練習の間、外野で話をした。そのとき、19歳の少年は心配していた。彼は高校時代、どんなところでプレーしようと非常に高い打率で打ってきたと話した。私は、彼が最終学年に6割を超える素晴らしいバッティングをしていたことを思い出したと思う。彼が対戦したすべてのチームは彼がいかにすごいかをわかっており、そして、メジャーリーグのスカウトたちは彼のプレーを見ようとそのすべての試合に群れをなして来場していたのがとても印象的だった。

しかし、ここはメジャーリーグであり、話は違った。マニーは、私の記憶では2割5分かそこら辺の打率で、これは彼にとってかつてない新しい経験であった。彼は、ドラフトの第一巡目選手として、非常に期待されていることをわかっていた。しかし、彼は心の中では、あることでもがき苦しんでいた。

私たちは話し始めた。初めにニューヨーク市のころを振り返ると、高校のチームでの試合は週に2、3回だけだったが、ここプロでは週に7日試合をしていた。雨の日だけが休みだ。新人にとって、毎晩試合をすることに加えて、ほとんどの若いプレーヤー、特にドラフト一巡目選手には毎日一定レベルの期待が加わるので、それらをうまくこなしていくのは大変なことだ。

端的に言うと、マニーは、そのシーズンは打率3割という自分の目標に合わせるにはどうすればいいのかを心配していたのだ。彼の考えでは、それはインディアンスから期待されていることであり、そしてそれ自体が彼の目標にもなっていた。しかし、彼が私に説明するには、それまでの彼の短い経歴では、一晩に2つのヒットを打っても、次の晩にヒットがでないかもしれず、そしてまた次の晩には4打数1安打かもしれない。

毎試合2、3安打することに慣れていた少年にとって、このアップダウンする成績は非常にストレスだ。それは彼が全く経験したことのないことだった。

私はマニーに違う目標を設定するように提案した。

「ちょっと教えて。君はこのリーグでのピッチャーを見てきた。そいつらを打てそう？　それとも、どうにもならないと思う?」

マニーは、自分が向き合っているそいつらは明らかに打てそうだ、とうなずいた。

「OK、では1週間試合を見てみよう。君は高校では毎日試合していなかったけど、ここでは毎日しているよね。クリーブランドのフロントは、君が進歩する一番いい方法は、できるだけ試合に出て多くの打席に立つことだということをわかっている」

「でも、フロントが君と同じように君の打率を追っているのもわかっている。もしマイナーリーグで1シーズンという長い期間で考えたら、君が3割を超えると誓ってもいい。でも、君は精神的に上下しているようだから、そう考えるのは難しいかもしれない。すなわち、君は複数安打したらその日は気分がいいけど、もし次の日にヒットがなければ落ち込んでしまっているよね」

マニーは聞き入り、私は続けた。

「だから、次のことを提案するよ。シーズン全体という長い期間の目標を立てるのを忘れよう。その代わりに週ごとに目標を立てるよう。言い換えると、長期の目標をもっと短期の目標が連続しているというようにするんだ。もっと言い換えると、もし1週間毎日試合をして打席に立ったとしよう、そう1試合に4回、そうすると君は週に28回から30回打席に立つ、正しいかい?」

「では、次のことはどう思う? もし週に30回打席に立ったら、10安打できる?」

マニーはにっこりした。「30打席で10安打？　ええ、それは問題ないはずだ」。
（読者へ：これはマニー・ラミレスという史上で最も偉大なバッターの一人であるということを思い出してほしい。彼は生意気でもなく、高慢でもなかった。彼はただ正直なだけだった。ファンたちのように言うと、マニーはマニーだ。）

そこで私はマニーに週に10安打することを短期目標とするように提案した。そして今日は1安打だけで次の日はノーヒットだったというような、1日1日のプレーのアップダウンについては忘れるように私は勧めた。「むしろ君は1週間を通しての安打数に集中すべきだ。もしちょうど10安打だったら、ただ素晴らしくやっている、ということになる」と。

過去を決して考えない、というのが、彼のバッティングに対する精神的な取り組みだった。

そして今、彼のマイナーリーグとメジャーリーグを合わせた生涯打率（訳注：MLB19年で3割1分9厘）から考えると、マニーはよくやったと思う。

しかし私が言いたいことは次のことだ。マニーは、マイナーリーグのシーズンで3割以上を打ちたいという長期目標を立てたことによって、悩み、苦しんでいた。もしやめさせるのが遅れたら、彼はその目標によってつぶされてしまう恐れがあったのだ。実際、シーズンが始まってしばらくするとみなさんの想像通りとなってしまった。その種の目標を立てることによるプレッシャーなど、必要ないのだ。

あなたが持っている目標を、より現実的に予想できる範囲にするだけでなく、長期的に見てもそれによって圧しつぶされないような、もっと小さい、一口サイズの塊に分解していくのが、目標設定のよりうまい、より効果的なアプローチなのである。

第5章

試合前の不安・緊張への対処

DEALING WITH PREGAME JITTERS

試合前の不安・緊張

若いアスリートは、「試合前に緊張し過ぎて神経質になってしまってリラックスできない。だから呼吸が早くなり、どんどん早くなってしまう。何か試合前の不安をコントロールする方法が必要だ」と報告している。

自分はカーっとなってしまって、手や指が震えてしまう、とさえ報告している人もいる。告白しよう。私もかつてそうだった。高校時代に大きな試合の前に気分が高ぶってしまい、純粋に不安と緊張で両手が震えてしまったものだ。どうしてこういうことが起きているのかわからなかったのだが、実際そういうことが起きていたのだ。私は自分の体を落ち着かせ、リラックスさせる方法をいろいろ探した。最高のパフォーマンスをするには不安を抑え込まないといけない、と言っている心理学者が書いたセルフヘルプマニュアルも読んだ。

そのようなマニュアルのほとんどは、呼吸法によって自分の呼吸をコントロールすると書いてあった。大きくゆっくり吸い込んで……2、3秒息を止めて……それからゆっくりと吐く。そして深く吐くたびに、いっしょに自分の神経のエネルギーが空間に消えていくのを心に描くはずだった。それを数回繰り返そうと思った。残念ながら、この深く吸って吐くという方法は、私には役に立たなかった。

他の本では、手や指が震えるのは単なる過呼吸だから、小さな紙袋をつかんでその中に息を吐く、すると酸素と二酸化炭素が混じって自分を落ち着かせてくれる、と書いてあった。２、３回同様に試してみたが、ほとんど改善は見られなかった。

他には、頭の中に穏やかで自信に満ちた「静かで安全な場所」のイメージを作り出し、それを持ち続けることによって、試合前の緊張をコントロールするという方法もあった。この考えは、もしそのような場所を自分の心の中に一生懸命作り出せれば、自分が緊張して不安になったときにはいつでもそこに行くことができる、というものである。

しかし、ここに問題がある。

これらのアプローチは１つも私には役立たなかった。私がどんなに一生懸命に悪い緊張を吐き出そうとしても、またポジティブな、そして力強い考えだけを考えようとしても、全く役に立たないようだった。そして、これら試合前の問題に対処することが自分の運命のように感じていた。ところで、トップアスリートたちが、試合前には緊張するが、試合が始まると不安は突然消えてしまったようだ、と話している記事を読んだことがあった。これも私の場合は違っていた。私は緊張を試合が始まってからも引きずってしまい、落ち着くまで2、3分間かかっていた。でも結局は、試合の流れに夢中になると元気になっていたのである。

しかし、それからある日、私は父親である、ボブ・ウォルフに、このような試合前の緊張についてすべて話した。父はスポーツキャスターであり、主要なスポーツイベントの放送でキャスターを務めるという華々しい経歴に恵まれ、光栄にも野球とバスケットボールの殿堂入りの栄誉を与えられた人である。私は父親に、野球のワールドシリーズやアメリカンフットボールのチャンピオンシップゲームを放送する前に体に生じてくる緊張や不安を、どう対処しているかを聞いた。そして私は彼の答えに驚いたのだ。

「私はずっと前に、緊張や不安をなくしたくないと思うようになった」と彼は答えた。

「というのは私が緊張しているときには、それは、自分が試合に向けて準備をしている……それは体が、試合に向けて完全に集中し、始めるぞ、ということを自分に教えてくれていることだとわかったからだ」

「私にとって最悪なことは、自分が緊張しないことだ。緊張するということは、これから始まることが自分にとって非常に重要なことなのだ、ということを教えてくれる合図なんだ。パフォーマンスをする前に穏やかでリラックスしているというのは、私が最もなりたくないことだった。

私は緊張することを楽しみにしていた。それは自分にとって良い合図でもあり、元気づける合図でもあったからだ」

私はそのような考え方を聞いたことがなかったし、そのようなアプローチは、私には大いに納得のいくものだった。そしてその日から私は、アスリートに試合前の緊張のとらえ方を変えるように助言している。不安を減らそう、なくそうとする代わりに、不安を受け入れるようにすべきだ。言い換えると、あなたの体と心が来たるべき試合に向けて興奮しているというのがわかるので、それは心強いことだととらえて、役立てるべきだ。緊張はプレーする準備ができているということを、体があなたに知らせる方法なのである。

そして前述のように、試合前の緊張は、一度試合が始まるとすべて静かに消えていくものである（すべてが落ち着くのにいくつかのプレーが必要な場合もあるだろう）。しかし、心配することはない、そうなるのだ。

何がここで重要なのだろうか。そう、次の1～4の取り組みで、次の試合に向けて準備してきたと思ってほしい。

1．あなたはアスリートとしての毎日の習慣としてビジュアライゼーション法を行ってきた。ちょうど練習やウェイトトレーニング、ランニング、実践練習によって身体を磨き上げるのと同じように、競技に出かけて行くときに自分の体が思うように動けるように、自分の心を微調整し始める必要がある。もし、次のレベルで競い合いたい、十分に競い合いたいのなら、メンタル面での取り組みに注意を払うようにする必要がある。

2. ビジュアライゼーションの究極の効果は、**自分の体のマッスルメモリーを高め**、体が視覚化したことと同調するようになって試合でのパフォーマンスをより高いレベルに引き上げることだ。こうなるには時間がかかる……数週間、数カ月、そしてたぶんもっと長く。そう、あなたがトレーニング計画にこれを導入するのが早ければ早いほど、試合でのパフォーマンスはより良く、そしてより安定したものになるのだ。

3. そうだね、スーパースティションをしても、あなたがチームやチームメイトの邪魔になってしまったら、スーパースティションは意味がないだろう。スーパースティションは最小限にするのが理想だ。覚えておいてほしい、スーパースティションは安心感を与えるから、試合であなたをゾーンに引き上げてくれるのだと思う。

4. 覚えておいてほしい。**もし定期的にゾーンに入る方法を見つけることができたら、アスリートとしてはすごく幸せだろう。**ゾーンに入っている状態は「すべてがゆっくりとなり……周りに気が散ることがなく……自分が試合中にしたいと思っていることすべてを、ちょうど計画していた通りに、完璧にできる」と描写されている。

私にとってゾーンが試合における基本的な要素であり、それはメンタル面と身体的な面とのタイミングが合って完璧に同調すると生じるものである。しかし、アスリートは過剰に完璧であろうとし過ぎてしまうときがある。

「完璧なピッチング」症候群

完璧であろうと頑張り過ぎることが、成功を妨げることがある。あなたは今のやり方を変えることにではなく、自分がここで得たことに集中したほうがよい。

インディアンスで働いていたある日、私はフロント陣に呼ばれ、マイナーリーグからメジャーリーグに招集されている若い才能のあるピッチャーたちについて、気になっていることを調査するように言われた。

事実、彼らは3Aか2Aの成績が良かったのでマイナーからメジャーに上がってきたのだ。さて、若い選手がメジャーでデビューしたときに少し怖くなるのは珍しいことではない。しかし、今回、フロント陣はマイナーリーグでは完全な、ピンポイントのコントロールを持っていた子供たちがメジャーでは突然ストライクゾーンに投げることができなくなってしまっていることに気がついた。バッターに優位に立つためにストライクを普通に投げていた彼らが、カウントで後れをとり、簡単に、フォアボールで歩かせたり、強打されたりしてしまっていたのだ。

関係者全員が困惑していた。これらの若いピッチャーは、体は頑丈に見え、明らかにメジャーに昇格したがっているのだが、彼らはもはや堅実にストライクを投げることができなくなっていた。さらに悪いことに、彼らはメジャーリーグに昇格できるという生涯の夢の頂点にほぼ届いており、自分がメジャーのレベルでうまく投げられるほどうまくはない、ということが理解できていなかった。

私は、最有力候補と考えられている背の高い左腕と少し話をすることに決めた。

私は、彼が今起きていることについてどう考えているか尋ねた。

「メジャーリーグに行くのにすべてをかけて身を粉にして頑張ってきて、自分は今ここにいます。自分が極めて優秀なピッチャーであることを証明するために、たぶんできる限りすべてのことをやっています。僕はしくじりたくない。僕は悪いピッチングを一切してはいけないのです。もしそんなことをしたら、チャンスは吹っ飛び、僕の夢は終わるんです」と、彼が言ったのを覚えている。

私は彼のやり方を考えれば考えるほど、彼が自分にかけているプレッシャーの大きさは極限にあると感じた。彼は、自分は一切失敗してはいけないのだ、と確信していた。ここに問題があるのだ。

私は「完璧なピッチング」症候群と書いたことがある。それは次のようなものだ。健康で若く、野心的なピッチャーが、メジャーリーグで輝かしいデビューを飾る、と決心していて、自分のピッチングは考えられるあらゆる面からみて完璧だ、ということをはっきりさせようとしている。

もちろんそれは最高に素晴らしい目標だ。

ただ問題は、あまり現実的ではないということだ。どんなに完璧なプレーができるように予定していても、そしてそうあろうとしても、完璧であるというのは現実にはありえないことだ。さらに悪いことに、もしあなたがピッチャーで、ただストライクを投げるのではなく、外角または膝元に完璧なストライクを思い切って投げるとしたら、苦労して精神的に危険な状況を進むことになる。バッターにノーボールツーストライクのカウントの代わりに、ツーボールノーストライクとなり、あなたにとって事態は急速に崩れ始めてくるのだ。

そして負のスパイラルが始まる。そのように完璧を求めるあまり、相手の最初のバッターはフォアボールで終わり、それから次のバッターにはライナーのシングルヒットを与えるというミスをし、その次のバッターはフォアボール。

スリーアウトで攻守交替する代わりに、ノーアウト満塁になる。そして、あなたは自分の何が悪いのかわからない。

ほとんどの若いピッチャーは、登板してこの種の状況に直面するとすぐにボロボロになり、落ち着きを失う。

「自分はブルペンでは良かったから、試合では完璧で申し分なくできると確信していた。何が起きたんだ」

何が起きたかというと、完璧という高すぎるところに基準を設定したことだ。完璧であろうとただベストを尽くした。けれども少しミスをした、でもそれはそれでOK。そのことで自分を責めるという致命的な間違いをしないこと。むしろ、完璧ではなかったピッチングを受け入れ、次のことにだけに集中する。自分が行きたいところへ行かせてくれるアスリートとしての技能と精神面、その準備をすることを信頼しないで、いつも完璧であろうと努力すると、心の痛みを引き起こすことになるのだ。

これらの若いピッチャーは皆、マイナーリーグの間はバッターに対して優位に立っていた。マウンドで完璧でなければならないと思ったのが、彼らにとってこの種の感情面でのストレスは初めての経験であること。それを心にとどめておくことだ。彼らはマイナーリーグでは自信を持って投げており、どうすれば集中してストライクを投げ、変化球やチェンジアップを投げてバッターを馬鹿にすることができるか、わかっていた。しかし、何とか最上階にたどり着いたとき、突然失敗する余地がないと感じ、一球一球が完璧でなければならないと思うようになった。そして完璧であると切望することで、成功が直接妨げられたのだ。

私がこの若い左腕と話していくにつれて、彼は何が自分を抑え込んでいるのかがわかってきた。次の登板でうまくプレーしたいとは思うが、もしピッチングが完璧でなくても、精神的にはくじけないようにするということで意見が一致した。そしてもし1つか2つ失敗したら、マイナーリーグで自分に役立ったことを思い出して修正しないといけない、と。

これは当たり前の修正のように思うだろうが、私を信じてほしい、マイナーリーグからメジャーリーグに変わるときの心理的な変化には、莫大なことがあるのだ。

学校の勉強から類推してみよう。もしあなたが学校でA評価を取るだけでなく、受けるすべてのテストや試験、期末試験で１００点を取るという目標を設定したとする。そう、あなたは完璧を目標に設定した。しかし、結果は１００点未満。たぶん97点または95点といったところだが、何点であろうと、完璧主義者のあなたにとっては不十分かもしれない。でも、立派な点数であり、まさにA評価だろう。やはり、もし目標が学校で常に完璧であることだとすると、試験で１、２カ所間違えたら純粋には１００％ではないことになる。でも、全体的に見てA評価であることに影響はないと思われる。

多くの野心的で競争力のあるアスリートにも、同じような考え方が働いている。彼らは一球一球すべて完璧なピッチングをすることに執着していて、人的ミスの余地がない。すべての打席が完璧でなければならない。バスケットボールの試合では投じたすべてのシュートが完璧に決まらなければならない。クォーターバックとして出したパスはすべて完璧に成功しなければならない、などなど。

しかし、それが鍵なのだ。私たちは皆、人なのだ。教室や試合でどんなに完璧を目指して努力しても、現実は常に完璧であるということはないのだ。そのマイナス面は、完璧にできなかったら、まるで失敗したようにと感じてがっかりしてしまうことだ。

もちろん、別の見方では、92点、94点、95点かどうかにかかわらず、**「ワオー、今学期はオールAだ、それはいいね」**と自分に言ったとしたら、そのほうがずっと健康的で、もっと前向きなものだろう。すべてが100点であろうがなかろうがどうでもいい。それでもオールAを取ったんだ。

同様の見方は、メジャーリーグで最初の2、3試合プレーしたピッチャーや野手にも当然使える。完璧であるかどうかだけで成功か失敗かを決めるよりもむしろ、試合後にうまくできたことを振り返るほうがずっと生産的だ。確かに、必ず、がっかりすることが混じっている瞬間がある。しかし、もしポジティブな瞬間がネガティブな瞬間を上回っていたら、試合での自信が静かに育まれ始めているのだ。そして、それが鍵なのである。

自分がこのレベルに到達できたのは過剰に完璧にしていたからではなく、できることをやってきたからだいうことを、常に心にとどめておいたほうがよい。精神的に「全部完璧である」という取り組みに無意識のうちにシフトしてしまい、現実にマイナーリーグで良かった心理学的な取り組みをそちらに変えてきてしまったのだ。要点は、マイナーでは完璧なピッチングをしようとしなかった、ただ力の及ぶ限りのピッチングをしていた、それなのになぜメジャーリーグでは完璧にしようとしているのか。

単純な問題のように聞こえるだろう。しかし、いかに多くの熱意のある新人がこの完璧になろうとする一見予期しない罠に陥っているのかに驚くだろう。リック・ピーターソンという有名なピッチングコーチがこのことについて、『Crunch Time: How to Be Your Best When it Matters Most』(正念場：最も重要なときの頑張り方)という本で述べている。彼は何年にもわたってメジャーリーグのピッチャーと仕事をしてきて、彼らが試合でうまくいかないという状況に直面したときに、彼らのあまりにも多くが「もっと努力しよう」とか「もっと頑張ろう」などとしているのに気がついていた。

ピーターソンはこのようなことが生じたときにはピッチャーに「あまり頑張らないように」と実際に助言している。彼が言いたいことは、私たちの社会では、選手はうまくいかなかったら、もっと頑張らないといけないのだ、と常に言われていることだ。ピーターソンはこの仮説の欠点を指摘している。もしあなたが最高の状態でプレーしたかったら、本当に必要なことは**自分の至適な覚醒水準**にいることである。もしあまりにも頑張ろうとし過ぎたり、根を詰め過ぎたりすると、あなたの体の機能は混乱するだけではなく、ついには失敗してしまうのだ。

要点は何か。自分の枠内にとどまり、根を詰め過ぎないような自分が快適なレベルで行うこと、それがいいのは当たり前のことだ、ということだ。

成功の恐怖と失敗の恐怖

選手が完璧であろうとするのと同じように、失敗の恐怖としてよく知られていることは何だろうか。

それは失敗の恐怖に少し関連しているものだ。でも、私は、それはむしろ成功の恐怖に近いものではないかと思っている。

はっきりと定義して、私の言いたいことがわかるようにしてみよう。

私の考えでは、**成功に恐怖を抱いているアスリートは、高いレベルでの成功の感覚をすでに味わっている人で、また頑張って成功することを求められているような人だ。**繰り返し成功したいという欲望が、意外にも目に見えない期待という負担をアスリートに担わせてしまっているのだ。

それが成功の恐怖の源である。成功の味には、繰り返し成し遂げるというプレッシャーと期待がついてくるものだ。最初うまくやれた、そして今、人々は何度も高いレベルでプレーすることを期待している。それが真のプレッシャーなのだ！

対照的に、失敗することに恐怖を抱いているアスリートは、自分の技量を改善しようと過剰に努力していて、試合が来ると、頑張るとか、真価を発揮するなどということに、多少麻痺してしまっている。

なぜか。彼らはこの鍵となる立場に到達するために非常に頑張ってきたので、次の段階に圧しつぶされそうになるのだと思う。

それは、頑張ってもうまくいかないという考えには耐えられない、というようなものだろう。もし頑張って完全な失敗者になったらどうなるのか。

もしそうなったら、彼らはそれまでのすべての活動や努力が無駄になってしまったと考えてしまうだろう。そうなるとアスリートは、成功していないことに戸惑ってしまって集中できないでいる自分に突然気づく、または、他の注意散漫の兆候を示すようになる。

それは、彼らがまさにプレーしようとしているその瞬間に、彼らの内側にいる不安の悪魔と子鬼とがいっしょになって、彼らの晴れ舞台を邪魔するようなものだ。

先に論じたように、アスリートに何度も繰り返せるような音楽や呪文のようなものを授けて、不安に対抗させようとする心理学者がいる。また、呼吸を整えるために深呼吸を繰り返すことを提案する心理学者もいる。アスリートに前向きな考えや頭の中の「幸福な場所」に行くことに集中することを勧めるスポーツメンタルトレーニングのコーチもいるだろう。

このような手っ取り早い修正法が、緊張に役に立つ選手もいると思う。しかし、そのような方法に一生懸命に取り組んだとしても、それは実際にはプレーへの「失敗することへの恐怖」の本質に取り組んでいるわけではないと私は思う。

私は、アスリートに失敗の恐怖に注目させるほうが、ずっと助けになると信じている。例えば、今が自分にとって大事なチャンスの瞬間なのだ、ということを自分に知らせるために緊張しているのだ、と伝えるのである。そのときには、彼らに自分の不安について徹底的に話させよう。彼らにこのチャンスが何を意味しているのかについて話させよう。彼らにこれから起きるいいことすべてについて注意を向けさせ、話させよう。彼らはこの瞬間をどんなに夢見てきたかについて話させよう。

言い換えると、彼らに前向きなことに集中させ、話させよう。

しかしそのとき、もし彼らがうまくいかないことに注目し始めてしまったら、単純に次のことを尋ねてみる。君には才能がある？　君は一生懸命やってきた？　君は成功する価値がある選手？　君は成功するために準備してきた？

言い換えると、穏やかに、しかし、しっかりと、自分にいかに才能があり、いかに素晴らしいか、そしてどんなに成功してきたかについて、彼らが思い出せるように手引きをしよう。ついには、彼らはこの会話を信じ始め、成功するのに必要なことに、もっとずっと集中できるようになるだろう。精神的に取り組むべきことについて、そして自分が向かいたいところに運んでくれる自分の体と心を、どうすれば**信頼**できるかについて、集中させるのだ。

成功の恐怖に注目してしまっている人には、その人の最近の（そして成功している）プレービデオを見せることが重要だ。彼らに何度も何度もビデオを見せて、成功したことに浸らせよう。そして、彼らがリラックスして笑顔を見せ始めたときに、その瞬間に感じていることを話させる（ことが多い）。彼らはどんなにいい気分なのかについて話し、そして物事がうまくいっていたことに自信を持っていると話し、その瞬間が実際に楽しいと話すだろう。

それから、続けて彼らに次の試合やイベントについて話させる。次の試合に、過去の登板の興奮と自信を持ち越させるようにしよう。彼らが以前のパフォーマンスにいかに満足し、自信を持っていたかを思い出させ、実際には2回目のほうがもっと簡単であり、それらは連続しているものであることを強調しよう。

なぜだろうか。それは、彼らは楽しんでいただけではなく、彼らの中の自信が活性化されてきたからだ。そしてすべてのトップアスリートは、自信があるという重要な感覚を切望しているのだ。覚えておいてほしい、あなたは体験を教えることはできない。しかし、試合や行事でのパフォーマンスによって本能的にその感覚が積み重ねられていき、確固たるものになる。それが重要なのだ。

大きなスポットライトを浴びてプレーするのが初めてではない新人と話しをするときには、彼がこの地位を得るために見せてきた才能や気力が、どんなにすごかったかについて焦点を当てるべきだと強調しておく。確かに、期待がある、そして自分でもそれを理解していることは、素晴らしいことだ。しかし強調すべきは、彼らが最初の登板を成し遂げたらどんなに満足できるだろうかと、考えさせることだ。そして良い結果を確実にするためには、自身のアスリートとしての本能を信頼させることに、重点を置く必要がある。

自信を失わせる声

あなたにはその感覚がわかるだろう。そしてそれはいいものではない。

あなたは試合中一生懸命頑張ってきた。しかし、うまく説明できないが、それは偶然この日に起きたのではない。あなたは集中している。試合の真っ最中だ。疲れてはいない。

しかし突然、自信喪失の小さな声が、頭の中に浮かび始めるのだ。

おいおいどうした……離脱してもいいよ。君は堅実で大変な努力をしてきた。ただ今日は君の日ではなかっただけだよ、その声はあなたにそう言っている。**そう、心配するな……縁がなかっただけだよ。**

アスリートは皆、このような敗北の声を聞いたことがある。それはちょっとした感じで始まり、最後には、あなたの負けを正当化するように……なぜ今日はよくないのかを合理的に説明するように命じてくる。そして不幸にも、その声を無視するのは極めて難しいのだ。

そのとき、あなたはどうするのか。私の経験では、単にその負けの声を無視しようとするトップアスリートは、最後には目の前の課題に集中できなくなってしまう。なぜだろうか。彼らは心理学的には気をそらすことばかりに時間を費やしてしまう、またはネガティブな考えを抑え込むことばかり、無駄な精神的な努力をしてしまっているからだ。

私はアスリートたちに、そのような声が浮かんできたら、それに向き合う時間を持つように伝えている。２、３秒、その声があなたに言っていることを口に出し、それからそれに向き合うこと。

ＯＫ、賛成だ。今日はキレがない。自分が期待したようには進んでいない。

しかしそれは、あなたが降参してタオルを投げるのを意味しているのではない。

いや、その反対が真実だ。その試合に素早く適応する必要があることを、あなたが理解する時間なのである。自分自身で客観的になること。何がうまくいっていないのかについて考え抜いて、その試合に対して、どのくらい修正して調整する必要があるのかなど、自分で内部評価する。それは、ちょっとしたわずかな身体的な修正のこともある。元々のゲームプランを徹底的に見直す必要があることもある。

しかし、どんな調整であろうと、すぐにそうすることに集中し始める必要がある。

奇妙に聞こえるかもしれないことはわかっているが、聞こえてくるその敗北の小さな声は、今すぐに調整し始める必要があるということを知らせる、前向きな目覚ましコールなのだ。問題はもちろん、困難で興奮した競技のど真ん中で、どうやって急いで修正するのか、ということだ。

第6章

試合中のプレーの軌道修正

THE ROAD TO MAKING IN-GAME ADJUSTMENTS

試合中にうまくいかないとき

一生懸命試合に取り組んでいるにもかかわらず、全くうまくいく気配がないとき、あなたはどうするだろうか。精神的、身体的には試合に対する準備ができている状態にもかかわらず、ゾーンに入っていないときだ。

あなたは調子が良いと感じており、技術を洗練し、磨くために多くの時間をかけてきた。気持ち良く、自信も持って試合に臨んでいる。自分の持っている力を披露するチャンスを得ている。

しかし……この試合では、その機会は訪れそうにない。

よくある例をいくつか挙げよう。

バスケットボールの試合で、ジャンプシュートが入らなくなってしまった。先週はゴールから4・6メートル離れた、コートの至るところからシュート練習を繰り返し、リングの真ん中を通る見事なシュートを重ねた。しかし試合では、リングをしっかりと見ているのにもかかわらず、不思議なことにシュートはリングの後方に当たって外れてしまうのだ。

野球では、アウトコースの球を逆方向に打ち返すために、毎日一生懸命にバッティング練習をしている。そして実際コンスタントに打てるようになり、逆方向にライナーヒットを重ねている。しかし、試合でアウトコースに投げられたときには、フライを打ち上げてアウトになったり、後ろへファウルボールを打ったりしている自分に気がつく。ライナーヒットは見られない。

ピッチャーでは、ブルペンでいくつもの決め球を駆使し、調子が良いと感じている。対戦するバッターは、球の気配すら感じることができないだろうとも思っている。しかし、クローザーとして登板したとき、自分がピッチングをコントロールできなくなっていることに気づく。ストライクゾーンを見つけられない。ストライクゾーンに投げる球は、すべて高めの弱々しい球になってしまう。そしてボールが先行していることに気がつく。

突然、灼熱の夜に冷や汗をかき始める。小さな疑いの声が、あなたのことをしつこく悩ます。今夜は君の日ではないよ、と。どれだけその疑念を抑えようと頑張ったとしても、浮かび続けるのだ。おそらくスポーツにおいて、これ以上にイライラさせる感情はないだろう。それはまるで、あなたの心と体は、あなた自身や試合に向けて準備してきたことを気にかけていないようだ。

物事が思う通りに運ばない場合、どうしたらよいだろうか。

内容の悪い試合をした場合、自分自身を哀れむことが助けになるだろうか。ええ、もしあなたが人類の一員であるならば、必ず自分のことを哀れむだろう。それは想定内だ。正直に言うと、あなたは自分のパフォーマンスを気にし過ぎているように見える。逆に失望や悲しみといった感情を見せないのであれば、私はそのことに関心を持つだろう。「この選手はどうしたんだろうか。彼はちょっと悪い試合をした……でも悩んでいないようだ」といったように。

私はアスリートに、試合後に自分のことを哀れむような深刻な時間を持つようにアドバイスをすることとしている。悪い試合をしたのに落ち込まないというのは、人間本来の感情を抑圧しようとしていることになるのだ。

これが鍵となる。落胆し、気分が悪くなることはすべて予想されるものだ。しかし、悪い試合に対しどのように反応するのかということが最も重要なのだ。あなたは自分自身に喝を入れる、激励するといった方法ではなく、客観的にその夜の試合中に何が悪かったのかを分析することによって、自己憐憫の泉から抜け出す必要がある。ハイレベルなアスリートの戦いにおいては、どのような修正を試合中に試みていたのかということに焦点を当てる必要があるのだ。そしてもっと重要なことは、それらがどうしてうまくいかなかったのかということだ。そういった率直で客観的な分析を抜きにして、試合内容を改善したり、正しい道に戻ったりすることはできないだろう。これは、ドルフマンがスタープレーヤーと向かい合っていたときに伝えようとしていたことだ。自分の試合をよく観察し、何が失敗の原因だったのかを理解する責任がある、と。

前述の通り、多くのメンタルトレーニングの研究者やコーチは、彼らのセルフトークを内的な激励とみているようである。諦めたりやめさせたりしないよう勇気づけるために、モチベーションを上げる道具として。ええ、私はそれも良いと思う。しかし、私にとってそれは、骨折した腕に絆創膏を貼るようなものだ。

私にとってセルフトークの真の目的は、試合中に何がうまくいかなかったのか、そしてそれはどうしてだったのかを理解することなのだ。

試合後に意味のあるセルフトークをするため、試合を通して自分自身に「話しかけている」必要がある。もちろんこれは音のない静かな会話のことだ。その本質は、試合中に起こる予期しない障害、妨害、一時的な変化に対して、どのように進んでいくのかということに集中することだ。

試合中の修正

考えてみてほしい。トップアスリートがハーフタイムや試合後のインタビューで「私は今夜の試合中、いくつか修正する必要があった。そして幸運なことにそれがうまくいった」とコメントしている場面を、これまでに何回聞いたことがあるだろうか。

多くの点で、修正はただの良いアスリートと一流アスリートとの本質的な違いとなっている。なぜなら、一流アスリートは、試合中にいつも通りのレベルに到達し、それを維持するためには、試合中に何が悪いのかということについて、完全に客観的、科学的になる必要があるということを知っているのだ。

これがトッププレーヤーとなるための重要な要素なのである。単なる良い（でも一流ではない）アスリートは、大きな試合を迎えることを楽しみにする傾向がある。しかし実際のところは、その後も続いていく試合でそのパフォーマンスを再現する方法がわからず、四苦八苦している。その結果ミスが増え、調子にアップダウンがでるようになり、彼らの本来のリズムを欠くようになってしまうのだ。

一方で、プロのアスリートは、高いレベルのパフォーマンスを維持する方法を知っている。こういったプレーの一貫性を持つためには、ただ単に良いコンディションを保つだけではなく、絶え間なく磨いてきた技術以上のものが求められる。安定した状態を維持し良いパフォーマンスをするためには、まさに実際に試合で戦っている最中に、細かな修正を始めなければならないのである。

今まで、野球やテニス、ゴルフトーナメントの試合で選手の顔がクローズアップされたときに、彼らが自分自身に話しかけているように見えたことはないだろうか。これが本当の「セルフトーク」の過程だ。選手は音のない静かな会話を自分自身としている。そして、彼らのセルフトークの本質は、試合中に生じる予期しない障害、妨害、一時的な変化に対し、どのように舵取りをするのか、ということに集中することなのだ。

これらの微調整、精神的な修正は、プロアスリートが成功するための潤滑油である。すべてのトッププレーヤーはどのような日においても、たとえ体調的にはベストな準備ができているときでさえ、そこには彼らが対処せざるを得ない小さな不完全さや予測できない変化が存在していることがわかっている。

ジャンプシュートで効率的に相手に致命傷を与えるバスケットボール選手の一例を挙げよう。彼は試合の序盤、自分のシュートが強すぎることに気がつく。彼のシュートはリングの後方部分に当たってしまう。彼は精神的にほんのわずかに修正し、シュートを少し弱めるためにシュートの感触を調整するべきなのだ。こうすることで、彼はシュートを決めることができるのだ。

このようなことが、今私が話している修正に当たる。もちろん、これは単純な例だが、これが試合中にすべての選手の頭をよぎることなのだ。

おそらく彼はただ単に自分自身へ、「後ろへ下がれ」「もっと頑張れ」「もっとうまくやれ」とは言わなかっただろう。むしろ、彼は試合中にわずかではあるが重要な修正をする必要がどれくらいあるのかということについて、自分自身と深い会話をしていたのだ。これがベストアスリートの実践していることだ。

例えば、何年か前、私はマイナーリーグでマイク・ハーグローブという名のとてつもない左バッターと対戦した。彼は1Aから翌シーズンプレーしたメジャーリーグのテキサス・レンジャーズに至るまで、注目すべき活躍をしていた。

しかし、すべての投球の合間で、つまり1球ごとにマイクはバッターボックスから離れ、一見すると60秒間のルーチンを行っていた。バットを使ったあらゆる種類の動きをしていた。バッティンググローブを強くたぐり寄せヘルメットの位置を直すなど。しばらくしてから、これらの長ったらしい行動のため、「試合遅延野郎」とあだ名をつけられた。なぜなら、マイクはすべての投球にとてもゆっくりと準備しているように見え、かつ彼は奇妙な信心めいた儀式をヒットを打つためにやらなければならないように見えたからだ。

しかし、その儀式はマイクの役に立ったに違いない。なぜなら、12年間に及ぶメジャーリーグのシーズンで、打率3割超えを6回成し遂げる素晴らしいキャリアを築いたからである。

何年か後に、私はマイクと話したことを思い出した。彼がクリーブランド・インディアンスを監督として率いていたときのことだ。彼は、投球の合間での儀式はただの策略だったと私に言った。その一連の行為によって、1つ前の投球について少し考え、それを反映させる時間を手に入れ、次の投球に向けての心構えを修正することができた、と。言い換えれば、「試合遅延」といったものは迷信なんかではなく、彼にスイングを絶妙な方法で修正するチャンスを与えるものだったといえる。

振り返ってみると、このアプローチはとても理にかなっている。スタンドのファンには、フィールドの選手たちは何も変化することなく、ただ単にプレーしているように見えるが、真実は全く異なる。すべてのアスリートは他の選手とただ戦っているだけではなく、その日の試合をより完璧にする方法を調整しているのだ。ハーグローブが示したように、彼は各打席で1球ごとに、投球に合わせるためにスイングをどう修正するのかについて本当の旅をしていたのだ。

これが修正することの本質だ。

そして、もしあなたがこの種の修正方法を学ばなかった場合、最終的にあなたはキャリアの早い段階（おそらく高校生や大学生）で、成長が止まってしまう可能性がある。

なぜだろうか。それは対戦するアスリートは皆（特により経験を積んでいる選手たちは）、あなたを負かすために、すでに試合中に修正をしているからだ。彼らは試合をより安定したものにするよう、一生懸命努力しているのだ。

その現実から目を逸らさないでほしい！

修正点を正確に見極め、試合中にそれを修正する方法を学んでいるアスリートは、他のアスリートよりも成功する可能性がより高いアスリートなのだ。

これを別の言い方にすると、ハイレベルな戦いにおいて、より一貫したプレーをすることは、修正を成功させた直接の結果だといえる。

未熟なアスリート（修正する方法をまだ学んでいないアスリート）は、試合がうまくいっていないとき、すぐに怒ったりイライラしたりしてしまう。ここで、最初の3～4イニングで常に力いっぱい投げているピッチャーについて考えてみよう。彼は速球を投げて有頂天になっている。

しかし、5イニングで疲労が出てきたこと、球速がそれまでよりも落ちたこと、その両方の理由から彼はバッターが自分に追いついてきたと思うようになる。彼らは大きな音を立ててヒットを打ち始める。この展開によって、ピッチャーは怒りとイライラが募り、より力を込めて投げるように決心する。しかし彼は、一生懸命に投げていると自分で思っていても、もはや球速は変わらないということを理解していない。そして彼はバッターの餌食となったままになってしまう。

愕然とし、さらにイライラしたピッチャーは、あらゆるところにヒットを打たれ続ける。そして最終的に試合に敗れてしまうのだ。その後、彼は後半にどうしてピッチングを修正できなかったのかを尋ねられた。彼はこう反論する。

「いいや、僕は修正したよ。より力を込めて投げ始めたんだ。だけどそれでも彼らはヒットを打ち続けたのだよ」

そして彼は傷ついたエゴを守るために付け加える。

「彼らはキャッチャーのサインを盗んでいたのではないかと思う。何が起こるのか、あらかじめわかっていたに違いないんだ」

当然だが、ただ単により強く投げることは修正ではない。この若いピッチャーが理解しなければならないことは、試合中に腕が疲れてきたときには体力を保つために、チェンジアップ、カーブ、スピードの緩い球を混ぜる必要があるということだ。すべてのベテランピッチャーは、このことを理解している。それにもかかわらず、ほとんどの若いピッチャーが理解していないということは、特筆すべきことだろう。彼らはこのような試合を何試合か経験することで、通常は気づき始める。そして彼らは発見するのだ。球速を変化させ始めると、実際の球速よりも、相手により速く見せることができるということを。

野球界では、才能があってもただ単に力いっぱい投げる選手は、球を投げるただの人だ。しかし、ピッチングにスピード変化をつけることを学んだ選手は、本物のピッチャーとみなされるのだ。『The Arm : Inside the Billion-Dollar Mystery of the Most Valuable Commodity in Sports』という本を書いたベストセラー作家であるジェフ・パッサンは、かつてスポーツラジオの中で私に言った。

「力強い球を投げることのできる大多数の選手は、ピッチングの仕方について学ぶというよりもむしろ、ただ単に投げているだけなのです。なぜならば、ピッチング方法について学ぶこと（例えば修正すること）はとても難しいからです。ただ単にマウンドに出ていき、振り向いて、マックススピードで投げる、このほうがよっぽど簡単なのです」

言い換えれば、それはただのスローイングであり、ピッチングではない。そこに修正なんてものは存在しない。

最高峰のアスリートは試合中にプレーが一貫している。そしてそれこそが、目指すところなのである。

一貫性を持つためには、修正するための精神力を鍛える必要がある。

それは尽きることのない身体的な練習や、神様から与えられた才能といった類の話ではない。試合中に自分自身を客観的に「見る」ために、本能的な精神力を鍛えることだ。そして順調に試合を進めるため、試合中に小さな修正をする勇気を持つことである。

・カーブボールがすっぽ抜けているだろう？　今すぐにボールを離すタイミングを少しだけ遅くし、もっと手首のスナップをきかせる必要があるぞ。

・弱いフライを打ち上げてしまうな？　投球に対して後ろの肩が下がってしまっているんだ。そうではなくて、もっと長く待ってボールを上からたたきつける必要があることに素早く気づかないといけない。

・サッカーの試合においてチームメイトに得点チャンスを与えるコーナーキックの場面で、あまりにも低くて直線的なボールを蹴ってしまっているだろう？　次はボールの少し下を蹴って、ボールをもっと上に上げないといけないことを思い出す必要がある。
・ワイドレシーバーを目掛けて投げ込んだが、ボールは彼のパッドに当たってしまっただろう？　次はレシーバーがキャッチできるように少し力を緩めないとダメだ。君にはできる、そしてしないといけない極めて重要な修正だ。

これらのような簡単な例から、あなたはアイデアを得られるだろう。そして、すべてのアスリートは心の中で、このような「内なる会話」を試合中に続ける必要があるのだ。もしあなたがこの内なる会話（自分自身とのセルフトーク）をしないでいると、試合で自分が望むレベルの一貫したプレーができないときにイライラしてしまうだろう。

私は、試合が終了するころには精神的に疲労困憊となっていた多くの試合でのプレーを覚えている。毎回ピッチャーが球を投げる前に、二塁手だった私は、自分自身に尋ねていた。
「自分はこのバッターに対して、正しいポジションをとっているだろうか？　彼の走りは素晴らしい、そしてそうであるならば、私は相手を欺いて今よりも数歩近づくべきだろうか？　彼がポップフライを打ち上げた場合、太陽光はどのくらい影響するだろうか？　カチカチに土は固まっているから、ボールはより速く転がるだろうか？　芝生は濡れているだろうか？　芝生が濡れている場合もボールは速く転がるだろうから。一塁にランナーがいてダブルプレーを狙うとき、ボールをキャッチして一塁に素早く方向転換するのに十分な時間があるだろうか？」

私は常にこれらに加え、他にも数え切れない修正を投球のたびにしていた。ハイレベルな競技スポーツにおいて、それは自然なことだ。もちろん、スタンドのファンが見る光景は、二塁手にいつも通りのスリーバウンドするゴロがきて、一塁で簡単にアウトを取るところだ。しかし信じてほしい。ルーチンに見えるような一連のプレーは、あらゆる面で修正されたプレーの集大成といえる。そしてそのプレー自体は、外からは簡単に見えるのだ。

修正方法を学び、実行に移すためには、少しの勇気と率直さが必要だ。

ここで、あなたがバスケットボールの重要な試合でプレーしているとしよう。試合前のウォームアップ中、ゾーンに入っていると感じたのにもかかわらず、実際に試合が始まると最初の3回のシュートを外してしまった。

3点をとって幸先の良いスタートダッシュをかける代わりに、突然自分自身を疑う小さな声が忍び寄ってきてあなたに注意する。

「ううん、シュートを打つのをやめたほうがいいよ。君はチームも自分自身のことも救うこと

ができない。次にオープンショットのチャンスがまわってきても、ただボールをパスするのだ！」

このような時間帯にこそ、本当にプレーを修正する必要がある。客観的に自分自身に問うのだ。

「なぜ自分のシュートが決まらないのか？　私がミスするパターンはあるのか、例えばシュートが短すぎるとか、強すぎるとか？　急ぎすぎている？　フォロースルーが正しくないとか？」

理由が何であれ、素早く問題点を突き止めることができるほど、より良い結果が得られる。

そして続いて難しい場面が出てくる。あなたはもう一度シュートを打つ必要があるのだ。

もし立て続けに3回シュートをミスしたとしたら、少し修正してまたシュートを打ち始めるという勇気が必要となる。なぜだろうか。それは4回目をミスした場合、チームとあなた自身を本当に落ち込ませてしまっていると感じることになるからだ。

しかしあなたはわかっている。もし正しい修正をしていたら、真実は逆だということを。あなたはチームメイトと自分自身に対して、シュートを打ち続ける責任がある。

なぜだろうか。それは、コーチが立てた勝利のためのゲームプランが成功するかどうかは、あなたの得点能力にかかっているからだ。あなたがビビって、または恐怖からそれ以上シュートを打たないということは、頭の中の小さな声に負けた、ということになる。一生懸命にやってきた身体面、精神面の準備がすべて水の泡となるのだ。

それよりは、試合中にプレーを修正し、もう一度シュートを打とうと勇気を持つほうが、よほど良いことといえるだろう。

私のメンターであるハーベー・ドルフマンについて話を戻そう。彼はどのようにトップアスリートに話を持ち掛けていたのだろうか。たとえて言えば、彼は選手の顔に鏡を持っていき、次のことをしようとしたのだ。「彼らに試合に向けての修正を始めさせる！」だ。

ドルフマンは次のように話を始めたものだった。

「君の気分をよくするために私はここにいるのではない。ましてや慰めるためでもない。そのためには友達や家族がいるだろう」

「ここで君が私と会っているのは、君の仕事がうまくいっていないからだろう。すぐに気づかなければいけないのだよ。君はその問題を解決する必要があるということを」

あなたが想像するように、メジャーリーグのスタープレーヤーたちはドルフマンの無愛想なアプローチには慣れていなかった。この面と向かったアプローチには驚愕し、呆然としたことだろう。しかし、ドルフマンは続けるのだ。

「私の仕事は君の顔に鏡を持っていくことだ。それからあなたに対して正直に、率直でいることだ」

ハーベー・ドルフマンは続ける。

「なぜなら、明らかにあなたの周囲の誰もが、もしくはあなた自身も含めてあなた自身に正直でないからだ。みんなこうやって言うだけなのさ。いいや心配ないさ、エース、君なら大丈夫だよ、と。まあ、私の仕事というのは、君の目を覚まし、自分自身と向き合わせることだね」

スタープレーヤーが、自分自身の修正の仕方がわからない、またはいろいろと試してきたがダメだった、と反論、主張するときは、ドルフマンはさらにいっそう強調した。

「ええと、私は君に自分自身をじっくりとよく見て、それから仕事に戻ることを提案するよ。なぜなら、今の状態から正しい軌道に戻す責任は私にはなくて、君にあるのだからね」

ドルフマンは次のように尋ねることで、簡潔に話を締めくくるのだ。

「それで、君はどうするつもりなんだい？」

こうすることで、ドルフマンはいつもスタープレーヤーの注意を引いた。なぜなら、

・最近、スタープレーヤーの周りにいる人たちというのは、彼がどんなに偉大かを彼に言うだけの彼に好意を抱く人たちと家族だけであり、

・スタープレーヤーは自分のレベルを維持するために、または試合中に新たな修正点を見つける

ためにすべきこともしなくなってしまっているかもしれないからだ。

とても声が大きく、口汚くて、しゃがれ声のドルフマンは、すぐにトッププレーヤーたちの注目を集めた。私は、スーパースターたちをぶっきらぼうで力強いやり方で惹きつける彼の能力にいつも感銘を受けていた。

彼は私に言った。

「リック、もしこの億万長者たちに及び腰であるとか、圧倒されていたら、君は彼らを助けることはできないのだ。彼らは、彼らに真実を伝える人間を必要としているのだ。そして友達、家族、代理人、コーチからは、その真実を聞くことはないのだよ」

しかし、彼がキャリアの中で提供した知識や洞察のすべての中で最も重要なことは、架空の鏡をメジャーリーガーたちの面前に持ってきたことだろう。すなわち、才能溢れるアスリートに、彼らの失敗や弱点、修正不足の責任は彼ら自身にあると事実を伝えたことが、彼がこれらのスタープレーヤーたちに提供した最も偉大なブレークスルーだったといえるだろう。

そして試合中に修正する方法について早く学ぶほど、（同時に重要であるのはそれらを信じること）あなたの試合はより良い結果、一定したものになることだろう。

第7章

考えると……
下手になる

"WHEN YOU THINK ... YOU STINK"

スローイング

スポーツで不可解なことの一つは、見た限りでは突然、内野手が一塁に正確に投げることができなくなってしまう、キャッチャーが塁上にランナーがいるときにボールをピッチャーに投げ返せなくなってしまう、優れたコントロールを持つピッチャーの投球が突然ストライクゾーンに入らなくなってしまうことだ。

私は、スポーツファンとして、スティーブ・サックス、チャック・ノブロック、スティーブ・ブラス、マーク・ウォーラーズ、マッケイ・サッサー、そして他の多くのこの異常な苦境に苦しんでいる選手の話を聞いたり、新聞や雑誌、本で読んだり、ビデオで見たりしてきている。彼らはメジャーリーグ在籍中の何年もの間、優れた野手、キャッチャー、または素晴らしい腕の強さを有していて正確さにも問題のないピッチャーだった。しかし、ある日、呪われた夜のように、素晴らしく堅実な投球がもはやできなくなるのだ。

これはすべてのスポーツにおいて最も奇妙な現象の一つだ。

また、この問題は最近のものだけではないことを指摘しておく。これは昔から身近にあるものだ。クリント・コートニーは、1950年代に数年間メジャーリーグのキャッチャーをしていた。

その時代の初期にワシントン・セネタースの放送をしていた私の父に、彼は、相手ランナーが三塁か二塁にいるとき、ピッチャーへの返球がピッチャーの頭上を越えてしまうのではないかと恐れていたと告白した。それはコートニーにとって本当に心配なことだった。セネタースのピッチャーのハル・ウッデシックは、バント処理でボールを捕り、一塁に正確に投げることに大きな難点を抱えていた。ウッデシックはホームベースにストライクを投げるのには問題なかったが、バント処理で一塁に投げなければならないときはいつも、投げたボールがどこに行くのかほとんどわからなかった。

最近ではシカゴ・カブスのエース、ジョン・レスター（訳注：2021年にカージナルスに移籍）がランナーをベースから離れさせないように、一塁に牽制球を投げるのに苦しんでいるのを見ることができる。特に2016年のメジャーリーグのプレーオフとワールドシリーズで明らかなように、相手のランナーはレスターが何らかの理由で一塁に投げないことを知っていて一塁ベースから大きくリードを取った。

長年メジャーリーグのキャッチャーだった、ジャロッド・サルタラマッキアは、ピッチャーにボールをうまく投げ返せないことに苦しんでいたとき、その不安や心配を自分の体の別の部分に移そうとして、指を「タップ」する方法を開発したようだ。確かに少し珍しいように聞こえるかもしれないが、アスリートがこの種の心理的な深い淵に落ちたときには、どんな解決策でも見つけることが最優先事項になるのだ。

多くの人は知らないかもしれないが、一見単純な投球についてこのように精神的に悩むのは、野球ではちょっとあるというのではなく、長年にわたって試合ではよく見かけることなのだ。実際、クリーブランド・インディアンスで働いていたころには、投球に恐怖を抱えながら投げていた選手が何人かいたが、彼らは自分の経歴をダメにするのではないかと心配して、そのことについて公表したくなかったと打ち明けている。言い換えれば、この問題は、多くの野球選手やファンが思っているよりも、実際にははるかに一般的なことなのだ。

この奇妙な病気を確実に治療できる方法はあるのだろうか。簡単に言うと、私はこの問題をすぐに解決できる特定の治療法ややり方を知らない。スポーツメンタルトレーニングの分野にかかわってきて、コーチや心理学者がこの病気を完全またはすぐに「治した」方法についての報告を見たり、読んだりしたことはない。悲しいことに、これは非常に厄介な問題なのだ。

そうは言っても、この問題に直面して、かつては無意識のうちに行っていた反射的な行動であるボールを投げるという行動を、再び無意識のうちに行う反射的な行動に戻すために、たゆまぬ努力をする選手たちがいる。

この問題について個々のアスリートに対応するために役立つ、それを引き起こすもの、そしてさらに重要なことに、それを克服する方法についての理論が、私にはある。おそらく、この洞察を共有することは、この問題をもっとよく理解していくのに役立つだろう。

2000年6月、ニューヨーク・タイムズのエリカ・グッドという記者が、当時ヤンキースの二塁手だったチャック・ノブロックが投球に苦しんでいることについて大きな特集記事を書いた。エリカは、彼女が引用した専門家の中の一人であった私に、考えを尋ねた。私が言ったことは次の通り。これはその日のタイムズの1ページに掲載されたものだ。

1989年から1994年までクリーブランド・インディアンスで働いており、現在はニューヨーク州ウェストチェスター郡で個人指導を行っているリック・ウォルフが、「階段を下りるときに足をどうやって置くのかについて意識して分析することを想像してみてください」と言い出しました。「野球選手は、メジャーリーガーになるころには、自然に本塁から一塁に走る方法がわかっています。彼らはボールを投げる方法もわかっています」とウォルフは言いました。「彼らはそんなことについて考えていません。しかし、それについて考え始め『私は投球にどのくら

いの力をかけるべきだろうか？　ボールはどうやって握ればいいんだろう？』と考えだしたら、野球界から消えてしまうでしょう」。

グッド記者はそのような症状を引き起こしている原因について、例えば、アスリートの生活上の外部ストレスによって引き起こされているのではないかと私に迫った。私はこう答えた。

「これには根拠や理由などありません。私たちは皆、生活の中でストレスを抱えており、メジャーリーガーもストレスを抱えています。私は何も心配事がないと思っていた人たちが、『リック、俺はこのプレーがただできないだけなんだ』と言うのを見てきています」（2000年6月17日付、ニューヨーク・タイムズ）

言い換えれば、私の経験では、生活上の外部ストレスとの間には明らかな関連はなく、そのようなストレスで突然ボールを正確に投げる能力が失われたというのを見たことがない。どちらかといえば、ほとんどのアスリートは、野球場やサッカー・スタジアム、バスケットボールアリーナに行くことは、日常生活のすべてのストレスから逃れられる避難所に行くことのように思っている。

ニューヨーク・タイムズに掲載された、投球についての説明は非常に短い論評だった。もう少し深く述べていこう。

階段を歩いて下りる

その階段を歩いて下りる、という話に戻ろう。アスリートであるあなたに、階段を歩いて下りるように頼んだとしたら、たぶんあなたはものすごく簡単に、そしてそれについてあまり考えずに行うことができるだろう。

しかし、今度は「**あなたが階段を下りるとき、あなたは最初に左足から始めますか？　それとも右足？**」と尋ねたらどうだろうか。

実際は、あなたは今まで、そのことについて考えたことがない可能性がある。あなたは……ただ……階段を……下りる。しかし、このような普通にはない質問をされると、しばらくの間立ち止まって、左……または右足を先にするのかどうか考えざるを得なくなる。その短い精神的な滞りは突然、自分がどの足から始めるかを意識する瞬間を作りだすことになる。そして、反射的なスポーツの世界では、このように意識して考えることは、必ずしも良いこととは限らない。

もちろん、どちらの足から階段を下りるのかは全く関係ない。階段を下りるのに正しい方法も間違った方法もない。しかし、どの足を最初に出すかという単純な質問によって、今、心の中に意識した疑問を入り込ませた。言い換えれば、私はあなたに、最初が右足なのか左足なのかについて考え始めさせたのだ。そして、それまでは常に完全に潜在意識と自動的であった動作について、一時立ち止まって考えるようになると、次に階段を使うときにどちらの足を出すかについて、少し考えるようになると確信できる。

これが、階段を歩いて下りるときに、先に出す足についての簡単な質問をした理由のすべてだ。

では、このことを前提として、試合で二塁から一塁にボールを投げることについて、または、キャッチャーの場合はピッチャーにボールを戻すことについて、話を移そう。

内野手として何年もの間、ゴロを捕ったときにはいつも本能的かついつものこととして一塁にボールを投げてきた。あなたはそれについて考えることさえなく、ただそうするだけだった。アクション、モーション、投球スピード、投球スピードと方向、これらをすべて**意識して考えることなく**行ってきた。

しかし、ある日、あなたはその投球について考え始めたとする。自分のアクション、モーション、投球のスピード、そして方向について自分自身に問いかけ始めるのだ。階段を歩いて下りる方法を考えようとしたのと同じように、今までずっと何も考えずに行ってきた動作を、ふと意識して考えて行うようになったのある。あなたは常に本能的に自分の体と腕を信頼して投球を行ってきた。しかし、今、あなたは投げ方について**意識して**問いかけているのだ。

そして簡単に言うと、それは良いことではない。

他の例もある。この問題に苦しんでいる内野手やキャッチャーは、非常に素早く急いで行う「バンバン」プレー（走者とボールがほぼ同時のプレー）をしなければならないときには恐怖感がないように見えることに気づいたことはないだろうか。時間は重要でなく急ぐ必要がないプレーでは普通に投げることができなくなっていても、時間が重要であり、野手がすぐに強く正確な投球をしなければならないときには、普通にできるのだ。

しかし、非常に差し迫った状況、例えば、足の速いバッターの打球を深いところから一塁に投げるときや、ホームに向かうランナーをくぎ付けにするために外野からのリレースローのときには、その内野手はためらいや特有の心配も一切せずに投げることができるのだ。

今すぐ投げないといけない、そしてアウトを取るぞ。

これは自分の本能に任せているときだ。そして、考え／悩み／不安が意識にのぼると突然本能は横に押し出されてしまう。今すぐに投げなければいけないときには、投げることについて悩む時間はない。

これを別の言い方で紹介しよう。多くのトップアスリートやプロアスリートにとって競技をしているときの動作は、体と心に染みついていることなので、説明を求めても、彼らはフィールドで何をしたのか、どのようにしたのかをはっきりと説明するのが本当に苦手だ。L・ジョン・ワートハイムとサム・ソマーズ（訳注：ともに米国の人気社会心理学者）は、彼らの著書『This Is Your Brain on Sports』の中で、これを専門知識の呪いと呼んでいる。

著者たちは著書の中で、陸上競技のスター、グウェン・トーレンス（訳注：バルセロナ・オリンピック２００ｍの金メダリスト）がレースで勝利したときに「わからないわ。号砲が鳴って、できるだけ早く走るのよ、覚えている限りずっとそうしてきたように」と話した心の内の戦略を引用している。著者たちが指摘しているように、彼女はおそらく隠そうとしたのではなく、自分の勝利を正直、全く説明できなかったのだ。

それは、マイケル・ジョーダンにどうしてそんなに高くジャンプできたのか、ウィリー・メイズにどうしてあんな大きなフライに追いついてキャッチできたのかと聞くのと同じことなのだ。ナイキのスローガン「Just Do It」を言い換えて言えば、彼らは、ただそうした、だけなのだ。心の中で何も考える必要はなかった。

しかし、私はあえて言いたい、もしあなたがトッププレーヤーに、どうやって魔法のようなことをやっているのかについて真面目に考えるように頼んだとしたら、彼らは自分の身体能力を深く分析しようとして、思いもよらず自分をダメにしてしまうかもしれない。

なぜだろうか。なぜならこの種の精神的なことに多くのエネルギーを費やし過ぎると、ピッチャーに返球できなくなるように、最後には効率を落としてしまうことがあるからだ。

多くの場合、アスリートは、完璧なゲームをしようとすると、知らず知らずのうちに自分自身に過剰なプレッシャーをかけてしまうことがある。彼らは完全に成功する方法に焦点を当て、集中して、それをほとんど「意志の力で成し遂げ」ようとする。ゲーム前の準備は重要だが、試合について考え過ぎてしまうと、一部のアスリート（特に高校や大学では）では結局、基本的な身体能力でできるはずのことができなくなってしまうことになる。

これはもちろん良くない。試合のときには自分の身体能力を信頼しなければならない。バスケットボールのシュートの打ち方やアメリカンフットボールのスパイラルがかかったパスの投げ方、カーブの打ち方などを考え過ぎてしまうと、意識して分析することが基本的な運動能力を邪魔して、妨害してしまう。

これが、**「考えると…下手になる」**という言葉の由来だ。これは、自分のプレーに対するアプローチや分析を考え過ぎてしまうと、実は良いプレーの邪魔になるということを意味する。奇妙に聞こえるかもしれないが、準備をし過ぎて意識して考え過ぎてしまうと、達成したいことに対して逆効果になってしまうのだ。

この「考える＝下手になる」というメンタリティが、いかに球児を妨害して、内野を横切る正確な、または確実な投球ができないという不安に陥らせてしまうのかということに、少し戻ってみたいと思う。

バッターがワンバウンドのゴロを打ったとしよう。あなたは二塁手で、ボールをキャッチする。ボールは鋭く打たれ、バッターの足は特に速くないので、あなたには一塁に投げるのに十分な時間がある。しかし、そのわずかな余分な時間が、実際にはあなたに不利に働く。なぜだろうか。それは考えさせられるからだ。

グローブからボールを取り出すときに、ボールをどのように握っているか、指にどのように感じているか、投げるときに腕の角度はどうあるべきか、どのくらいの強さで投げるべきか、そして他にも正確にボールを投げるために気になる、数え切れないほどのささいなことについて考え始めてしまう。

問題は、これらのちょっとした瞬間的な心の中での思えるすべてのことが、投球を完璧なものではなくならせるのだ。実際には、お粗末な投球をしてしまう可能性が大いにある。

それはどうしてだろうか。それは、あなたが多くを考え過ぎたからだ。ただボールを捕って自身の直感を信頼して投げる代わりに、あなたは頭で投球のすべての部分を設計しようとしてしまっているのだ。

皮肉なことに、もしあなたのほうにかなりゆっくり打球が転がってきて、そしてバッターが非常に速く走っていたら、すべての行動を急がなければならず、手際よくプレーをしようとし、そしてしっかりとした火のような球を一塁手に投げただろう。

なぜだろうか。このようなプレーでは性質上、どのような投げ方をするかを考える時間が少しもないからだ。あなたはただ反応しなければならない。考える時間はない。あなたはただ純粋な運動能力に頼った。そしてそれが功を奏したのだ。

長年にわたって野球選手とともに仕事をしてきたので、私はこの両極端な例は「考える＝下手になる」の現象をよく示していることがわかる。自分の行動について考える時間がなければ、ただそれを実行して、そしてうまく成し遂げる。しかし、考えるための余分な贅沢な時間があると、問題が発生する可能性があるのだ。

クォーターバックのパス

スポーツイラストレイテッド誌（以下ＳＩ）の２０１５年8月31日号で、長年のライターであるアルバート・チェンは、当時のウィスコンシン大学のクォーターバックのジョエル・ステイブの不可解な苦労について素晴らしい特集をした。誰に聞いても、彼は世界を掌握した若者であった。学業優秀であり、ハンサムで、身長6フィート5インチ（約１９６センチ）、体重２２０ポンド(約１００キロ)の体格、そして運動能力に恵まれていた。彼はビッグテンカンファレンス(訳注：米国の大学スポーツのカンファレンスの一つ）のスターになるだけでなく、おそらくＮＦＬにも進んでいくと思われた。

しかし、ステイブに奇妙な何かが起こった。

彼がジュニアの年の最初のゲームの2、3週間前に（大学2年生のステイブは非常に充実したシーズンを送っていた)、ウィスコンシンのヘッドコーチはステイブの代わりに別の若いスタープレーヤーをクォーターバックとして起用するつもりであることを発表した。

ステイブは、もちろん、深く失望していたが、周囲には適切に対応し、自身のコンデションを整え、試合への準備ができていた。そして、ある日の午後、彼は仲間の一人といっしょにアメフトボールを投げていた。その日は暑かったこともあり、ステイブがボールを投げると、時折手からボールが抜けてしまい、結果的にパスがうまくいかないことがあった。

ステイブはこのことについて深く考えていなかった。しかし、次の日もその次の日もその問題は続いた。突然、何の前触れもなく、ステイブは10ヤードや15ヤードの短いパスを正確に投げることができなくなったことに気づいた。彼の投球は、地面落ちてしまうか、レシーバーの頭の上を越えてしまうか、もしくは少しも近くに届かなかった。

臆することなく、ステイブは単に自身のパスにいくつか調整をしないといけないだけだと感じていた。彼はSIのチェンに語った。「私はうまく投げられるようになるでしょう。うまく投げて、そして突然私はそれに長くとらわれ過ぎてしまったというように思うでしょう。うまく進む人もいれば滑って転んでしまう人もいる、そしてあなたは『ああ、もっと頑張らないといけない』と考え始めます。これはあまりにも深く考え始めたことに起こることです」。

ステイブは続けた。「そして頑張り過ぎて無理をして、さらにわからなくなってしまうのです」。

この種の言葉や反応は、予想もしていなかった心理的な障害に見舞われた人には当たり前のことだ。指摘してきたように、この種のことは非常に、非常に一般的だ。たぶん最もよく知られているのはピッツバーグ・パイレーツの元スターピッチャー、スティーブ・ブラスで、1970年代、彼は全盛期に突然ストライクを投げられなくなってしまった。残念ながら、ブラスは元の投球フォームを取り戻すことができず、キャリアは終わってしまった。

もちろん、他にも非常に多くの例がある。例えば、パッティングに苦労したゴルファーのジョニー・ミラーや、不可解なことにサーブのトスアップで自分の感覚を失ってしまったテニスのスター、アナ・イバノビッチなど。しかし、これらの例は有名なスポーツ選手だけであり、自分の名前の横に黒い印がつき、最終的にはキャリアが早くに終わってしまうことを恐れて、自分のそのような問題を明かさなかった人たちが他にもたくさんいる。

サンディエゴに拠点を置くメンタルトレーニングの研究者であるマイケル・ラードンは、SIの記事を引用して、ステイブはおそらくそのシーズンのウィスコンシンの先発のクォーターバックにならないだろうという動転させるような発表によって、ある種のパニック発作を発症していたと彼は理論立てている。そのような理論に沿ってみると、ステイブの深い失望はボールを正確に投げる能力を失うという形で表現されているのだろうということになる。彼が先発の座を失って生じたそのような不安によって、「考え過ぎてしまうことで反射ループの障害が生じ……もっと正確にとか、もっと良いプレーをしたいなどと思うと余計うまくいかない。そうなると、『あなたは』ただそれをするというよりもむしろ、もっと反射的に何かを考えてしまう」となっているのかもしれない。

ステイブはもっとうまく、もっと正確に投げるために「さらに努力する」ことを決めたかもしれないが、そうしている間に、彼は自分の基本的な、そしてよくトレーニングされた反射的な運動本能を信頼する代わりに、自身のプレーを改善する方法について考え過ぎてしまうことによって、単に自分の才能を邪魔してしまったということに関して、私はラードンに同意する（この本の中で「（あまり考えずに）気楽にやろう」という話が出てきたことを覚えているだろうか）。

もしステイブが二軍に降格していなかったらどうなっていたかを見てみたいものだ。もし彼が最初から先発クォーターバックとして指名されていたら、彼はこのような投球の問題のどれかに悩まされていただろうか。結局のところ、彼の投球問題の原因は、突然の降格によって引き起こされたように思われる。仮に、彼がそのような不安を経験しなかった場合、彼は大丈夫だったと思うことができるだろうか。

当然、私たちにはわからない。しかし、興味深いことに、ステイブは最終的にその苦悩から抜け出す方法を見つけたのだ。彼は最終的に自分が頑固過ぎであり、自分に対しての要求が高すぎていることに気づいたのが、解決できた理由の一部であった。

「私よりも私に対して厳しい人はいません」。ステイブは言った。

「アメリカンフットボールは常に私にとってとても重要でした。しかし、この問題を乗り切るために必要だったのは、もっと関心を持たないようにすることでした」

面白い言葉の選択だ。関心を持たない。それは彼が単純に一歩引いて、自分の反射的な運動スキルに頼る必要があったことを示唆している。いずれにしても、ジョエル・ステイブは自分自身を軌道に戻し、短いパスを投げる際に自分自身と彼の基本的な運動本能を、再び徐々に信頼するようになっていきた。そして彼はウィスコンシンでクォーターバックの先発として最多勝利の記録で終えるという、非常に生産的で充実したキャリア過ごした。

解決の方法

あなたが成功するのを邪魔させないように、これらの不要な思考や恐れを阻止したり、排除したりするにはどうすればいいのだろうか。恐れや自信喪失に邪魔されることなく、自分の能力を信頼するようになるにはどうすればいいのだろうか。

次のアプローチを試してみよう。もしも私があなたに気づかれないようにして背中をピンで刺したら、あなたはすぐに痛みで跳び上がるだろう。これは本能的で反射的な行動だ。まず、「これは奇妙です……右臀部に鋭い痛みを感じています。その鋭い痛みを和らげるためには、その嫌な感覚を和らげるために、素早く前に動くべきです」と自分に話すことはきっとないだろう。

もちろん、これはばかばかしい思考プロセスだ。しかし、意識して思考プロセスに頼ることがいかに体の反応を遅くするのかを実際に示すためにこれを紹介した。あなたの体はピンで刺され、それを引き継いですぐに跳び上がった！　刺されて跳び上がるということについて考える必要はなかった。あなたは考える必要がなかったし、正しい動き方をよく考える必要もなかった。ただ跳び上がっただけだよね！

これはあなたが競技で行っていたことと同じようなものだ。考え過ぎてはいけない。言い換えると、あなたは自分の体の運動本能を信じるようにしなければいけない。なぜなら競争の激しいスポーツでは、試合中の動きの大部分は本能的な反応だからだ。**自分の体と自分自身を信頼するようにしなければならない。**

正しいことをするためには、自分の体を信頼しなければならないところがある。何時間も、何週間も、何カ月も、何年も練習してきたことを信じてほしい。あなたの体は、確かな方法でプレーするようにトレーニングされている。全速力での走り方、ジャンプシュートの打ち方、フィールドでタックルを避ける方法を知っているのと同じように、今こそ、それを信じるときだ。

あなたはこれらの動作を考えなくていい。自分の体とアスリートとしての経験と競技の年月が実現してくれると、ただ信頼するのだ。

私のやり方は、単純に私自身の理論であることをはっきりさせておきたいと思う。私は逸話と観察に基づいて考えてきている。私は決定的な解決策を生み出した心理学的な研究を知らない。先に述べたように、あなたは人生の何年もの間、無意識のうちに、自動的にスキルを遂行してきているので、考えたり、細かく調べたり、自分の動作を分析し始めたときに、悪いほうにいきはじめることがよくあると私は強く感じている。

では、どのようにして、考え過ぎてしまうというこの悪いほうへの回転を断ち切るのだろうか。

それは難しいことだ。というのは、投げるという動作に集中するのをやめるように自分の心を「訓練」しなければならないからだ。そうするには、私はアスリートたちに行為の中の本能的な動作に焦点を当てさせることによって、彼らの脳の働きを再調整させるようにしてきた。まず、素早く、すぐに投げることから始めるのだ。

どんなに不調に苦しんでいる内野手でも、プレーが差し迫っていて、明らかに素早く投げなければならないときには、しっかりとした正確な送球をする、と述べたことを覚えているだろうか。彼らがそうすることができるのは、プレーが切迫しているのでボールを投げる方法を考えたり、瞬間的に反省したりすることができないからだ。**彼らは今、ただそれを投げなければならない。彼らにはそこで立ち止まって考える時間はないのだ。**

実際に、彼らにはすべての手順を考え、その手順通りにすることでいいボールが投げられるのかどうかを心配する時間はない。ただ投げるだけだ。そして、ほとんどの場合、それは完璧な投球となるのだ。

さて、私は内野手やキャッチャーと仕事をするときも、同じようなやり方をするようにしている。彼らには積極的に考えないようにさせ、一塁やピッチャーにすべて素早く急いで投げるように説得しておく。想像できると思うが、これには試合の前のトレーニングで、数日間にわたるたくさんの練習が必要となる。

ゴロや投球を受ける最初の数ラウンドでは、それぞれの投球はまるで非常に差し迫っているかのように、すぐに返球させるようにしておく必要がある。選手が用心せずに、そして心配せずに快適に投げられるようになるまで12回の繰り返しを4セット行う。ただすぐに投げるというリズムを得させるだけで、考えたり、熟考したりする時間を与えてはいけない。

アスリートは「正確な的に集中すべきでしょうか？　または、何を考えていればいいのでしょうか？」とよく尋ねてくる。私は、集中するターゲットがどうしても必要なのであれば、ピッチャーや一塁手の胸の文字にすればいいと伝える。しかし、それは実際には必要ではない。そして、何を考えるべきかについては、何も考えないほうがいいとよくアドバイスしている。

なぜだろうか。それは過去に良いパフォーマンスを見せていたときに、彼らは投球をするということに関して全く考えていなかったからだ。彼らは本能的な運動能力に基づいて投げていただけで、それこそが私たちが取り戻してほしいと思っているものなのだ。

次の日は、同じやり方で同じ演習を繰り返す。3日目、4日目も同じ演習を続けるが、毎日のようにこれらの投球ができるようになったら、徐々に投球前に、一瞬、間《ま》（一時中断）を取るように指示する。彼らはこれができるようになるはずだ。仮にできない場合は、前の演習に戻り、わずかな間を置いても良い投球ができるようになるまで、繰り返し行うようにしてほしい。ついでながら、ボールを強く投げさせることを忘れないでいただきたい。ただ思いっきりやらせよう！

そのステップをマスターしたら、その後の練習日には一時中断する時間を少し長めにする。わかるだろう。投球の前に取る間（一時中断の時間）を徐々に伸ばしていっても、その段階までは良い投球ができていたのだから、うまくいかないかもしれないなどと考える必要はない。だから、再びきれいで堅実で正確な投球をすることに完全に自信を取り戻してくるのだ。

私はこれを再調整と呼んでいるが、これには時間がかかる。時には挫折することもあるかもしれない。しかし、私の長年の実体験から、アスリートが、悪送球というこの独特のジレンマから抜け出す方法があることにとても安心し、心理的に高揚感を感じ、少しリラックスできることに気づいた。ひとたび、実際にうまくいき始めると、彼らはさらにリラックスする。そして、リラックスすることで、悪送球を心配するという自分で作ったハードルが下がり始める。

ただ、これは一般的な話にすぎない。私がこれまでにこのような投球の問題について携わってきた選手は皆、それぞれ独自の心配や疑問を持っていた。それは予想されうることだ。しかし、ここで重要なのは、安心させることであり、素早く投げるのをたくさん練習させることであり、それによって、選手が何を考えているかに関係なく、投球が反復的で自動的になってくるのだ。それがゲームプランである。

なぜ一時中断が組み込まれているのだろうか。それは、実際の試合当日では間が空くプレーをすることがあるので、その状況に備えてより良い準備をするためだ。選手が最終的に自分の本能を信頼してまた投げられるようになれば、一瞬間が空いても、もう正確にボールを投げられないということはないのである。

スローイングの問題の克服する

1日目：内野手またはキャッチャーをポジションにつかせて、ボールを受けてもらう。彼らには、標的に向かってすぐに強く投げてもらう。

彼らに止まったり、考えたりさせないこと。ただ、ひとつひとつ早く、強く、そして正確に投げさせる。

12回ずつ投げるのを4セット行うこと。

2日目：昨日と同じドリルを繰り返す。素早く、強く投げる。また、これは、野球選手に自分が投げることについて信じる感覚を取り戻させようとするものだ。もし投げるのが難しかったり、うまく投げられなかったりしたら、やり直すこと。

3、4日目：同じことを繰り返す。しかし、選手が自分の純粋なアスリートとしての本能を信頼している兆候が見え始めたら、ボールを投げる前に、ほんの数秒、一瞬間を空けさせること。次に彼にボールを目標に向けて力と方向を細かく指示して投げさせる。これを4セットの一部にさせる。

次の日々：この練習を、途中で間を置くようにし、その間を徐々に長くしながら続ける。再びプレーヤーに、投球について考えもしないことに慣れてもらいたいのだ。自分の基本的なアスリートとしての本能を信頼してもらいたいだけだ。

目標は、内野手やキャッチャーが、投げるということを考えることなく自動的に投げるという感覚を取り戻し、長年感じていた元々の心地よく楽しい、いつもの型に戻ることである。選手が素早く投げる練習をすればするほど、投げることへの悩みを打ち負かし克服する機会が増えるのだ。

ゴルフのイップスへの対処

野球で投球の障害になる「意識してしまう考え」の多くは、パッティングのときに以前はいつもうまくいっていたのに、予想外の不安に襲われてしまうゴルファーにもあてはまる。それは、短いパットをどれくらい押せばいいのか、どれくらい強く打てばいいのかという感覚を思いがけず突然失ってしまう、という説明のできない感覚にとらわれるものだ。

多くのゴルファーは、過去何年にもわたってグリーン上でこんな悩みを持ったことはないと言うだろう。実際ショートホールは最も得意なコースの一つだったという人もいる。彼らはいつもボールがホールに入るように打つちょうどいいタッチを楽しみにしていた。彼らは実践では純粋な本能、単に自分のアスリートとしてのスキルに頼ってパットをしていた。

私は、グリーン上で自信を失っているように見えるゴルファーと、突然一塁にボールを投げるときや本塁の後ろからピッチャーにボールを投げ返すときの感覚を失ってしまった野球選手との間には、心理学的な類似点が実際にあると思っている。パッティングの治療もまたたぶん類似していると思う。

ゴルファーには実際のグリーンに出させて、たくさんのゴルフボールをグリーンの至るところに並べて、あなたの指示で、ホールに次から次へとパッティングさせる。彼らにはできるだけ素早く、時間と競争するように、次のボールに移動するように伝える。ひとつひとつちゃんと打とうと気にしないこと。ただ移動して足をそろえて狙って打つ。

言い換えれば、私としては、意識してしまう考えがゴルフスイングに忍び込まないように、余計な時間を与えずにアスリートとしてのタッチを取り戻そうとしてほしいだけなのだ。ただ思いっきりやらせる。彼にはただ自分自身を信じなさいと言おう。

重ねてだが、ここでは反復が常に鍵となる。私たちは競技の快適な感覚、意識してしまう考えが入り込む隙のない活躍できるゾーンを確立しようとしているのだ。

別の好事例：フリースローが得意なバスケットボール選手と話してみると皆、4・6メートル離れたバスケットリングにシュートを打つプロセスはすべて頭と体に入っていて、プログラム化されているという可能性が高い。もし彼らに目隠しをしてアスリートとしての本能だけを頼りにフリースローを打つように頼んでみると、彼らはたぶん基本がしっかりしているので、あなたはその正確さに驚くだろう。

彼らはどうやっているのか。彼らはアスリートの本能を頼りにしており、そのプロセスについては考えていないのだ。

では、ゴルフに戻ろう。ゴルファーが気楽に自分の運動能力への信頼を取り戻せるようにグリーンのあらゆるところから素早くパッティングするセッションをいくつか行った後、ゴルファーにちょっと間を空けて考える時間を取るようにさせる。彼らにパッティングの準備をさせ、ちょっとそれについて考えさせる。そして最後にボールを叩く決心がついたら、自分の本能に任せて打たせる。意識してしまう考えをいっしょに消去してしまうのである。

ゴルファーが神から授かったアスリートとしての自分の才能を確信するには、さらに数セッション必要だろう。しかし、それはうまくいく。そして自分自身を心底納得させ、パットをしくじるのではという不安をなくすには、現実的な努力が必要なのだ。しかし、前に進むにはやらなければならない。

パットや投球の障害になる「意識してしまう考え」を紛らわせるのに、独自の精神を整える方法を作り上げているアスリートもいる。パットや投球を構えたとき、わざと目前の動作から注意をそらすような、関係のない映像を描くのだ。この映像は何かの心の中の映像で、有名な絵、またはもしかしたらガールフレンド、自分の新車、愛犬、その他何でもいい。しかし、それは自分の人生における何かはっきりとした印象的な映像で、投球やボールを打つことを心配してしまうのを意識して紛らわせることができるほど、強烈なものである必要がある。

なぜこの瞬間的かつ意識的に気を紛らわすことが役に立つのだろうか。もしアスリートが突然心の目を違った映像や考えに集中させたら、アスリートはパットや投球について意識して考えることに集中しなくなるだろう。そして、その動作はアスリートの本能に任されるだけになるのだ。

第8章

セルフトーク

ACCOUNTABILITY AND "SELF-TALKS"

セルフトークの内容

……………

ダメな試合直後としよう。何もいいところがなかった。さらに悪いことには、悪い方に向かっているのがわかっていたので、何とか修正しようとすごい努力をしたが、全く役に立たなかった。結局どういう結果になったのか（訳注：ダメな試合だった）。その試合のことは忘れよう。

しかし、感情の奥底では、まずかったプレーによって自信は傷つき、どんどん失われてきていく。特に寝ている間や目が覚めたときとか、静かな時間に、さまざまな疑問が心の中を駆け巡り始める。

望んでもいないのに現れる小悪魔のように、自信を打ち破る考えが浮かんできて、イライラしてくる。

きっと、僕は自分をごまかしてきたんだ。たぶん、自分で思っていたほど本当はうまくないんだ……。

きっと、僕はこの水準にはついていけないんだ。

僕はコーチの信頼を失くしただろうな。

チームメイトは僕のことをどう思っているんだろう。
こんなひどいプレーをしてしまって、プレー時間を減らされてしまわないだろうか。
何でもいい、すぐに改善するために、何ができるんだろう？

もしアスリートだったら試合で思い通りに行かなかったときには一晩や二晩眠れなくなるというのは当然だ。そのときには孤立感が強くなり、イライラしてくるものだ。

しかし、身近な家族や友人たちには「そんなの気にするなよ」とか「おい、誰にだってうまくいかない試合など、たまにはあるだろう」などと言われるだろう。でも、傷つき、途方に暮れ、実際にそれをどう取り扱っていいかわからない、というのが現実だ。

煮詰まってくると、「悪かったのは1試合だけだったのかな……いや、たぶん自分で考えているほど僕はうまくないんじゃないのか？」。

このように精神的に不安なときには、すでにあるような「セルフトーク」が、精神的な安定を取り戻すのに便利で役に立つので、セルフトークを使うべきであると提案しているメンタルトレーニングの研究者もいる。私はこの種の内的なペップトーク（人を励ますための言葉や話）が役に立つアスリートもいると思う。しかし、私がいっしょに仕事をしていたアスリートたちにとってそれは、気分を改善させるようなものではなかった。むしろその試合で自分が行った正しいことや間違ったことを、感情的にならずに客観的に詳しく記述した、その人だけの特別なセルフトークを作っていくほうが、ずっといいように思われた。

言い換えると、試合中に重要で意味のある修正ができるようになるには、改善する必要のあることに焦点を当てたセルフトークを言うことが、唯一の方法なのである。

自分のセルフトークを開発する

例を挙げてみよう。

あなたは遊撃手だとする。神の手と強い腕。ベース間を駆ける素晴らしいスピード。単打や二塁打を打つ結構いいバッター。堅い守備。

しかし、昨日の試合では、同点満塁の鍵になるイニングで、相手のバッターが通常ではダブルプレーになるような打球をショートに打った。そのバッターは結構の足が速いことがわかっていたので、二塁手がピボットできるように、素早くきれいなプレーで堅実なトスをしようとして速

ツーストライクで次のボールをど真ん中の低めに投げてきた。しかし、それはチェンジアップだっ

芯をとらえて一発打ちたいとうずうずしているのを感じた。そして、ピッチャーは立派なことに、

不幸にもマウンドで新しいボールを手でこすっているときにピッチャーは、あなたがしっかり

ている。

しくじった、確かに。しかし、とにかくピッチャーがあなたから空振りを取れないことはわかっ

ベストな速球を待っていた。そしてそれが来た。2球はライナーでわずかにファールになった。

をして、全力でできるだけ強くボールを打つことに集中した。確かに最初の2球はピッチャーの

実際、その回の裏、ツーアウト二、三塁であなたに打席が回ってきた。埋め合わせをする決意

もう手遅れだった。そして試合はまだ続いていた。

と……エラーは実際の試合で生じたことだった。

あり、自分にとってそれは日常的なものになっていた。唯一の違いは、それが練習中に起きるこ

はわかっていた。さらに悪いことに、あなたは今までの練習で何千回に1回かはそういうことが

あなた以上に反省している人はいないだろう。もっと深くしゃがんでプレーすべきだったこと

すり抜けてしまって、2失点の致命的なエラーをしてしまった。

く突進してしまい、飛んでくるボールから一瞬目を離してしまった。不幸にもボールは股の間を

た。それはあなたをひどく馬鹿にしたものだった。あなたは強く振ったが、ボールが届くよりもずっと早くに振っていた。そして空振り三振となった。

２つのひどい挫折感がわいてきた。ダブルプレーの失敗、そして今同点のランナーをおいての三振。さらに悪いことに、ダッグアウトを振り向くと、監督はあなたのプレーにうんざりしているようであり、チームメイトは全員うつむいているのが目の片隅に入った。そしてあなたのポジションの交代メンバーである若い内野手がベンチを出ていき、自分は交代の準備ができていることを監督にはっきりと知らせたがっているのに気づいた。

ウー、すべてよくない考えだ。

野球場でのひどい日。

あなたは静かに試合を終わらせて、シャワーを浴びて家に帰る。

いいね……そう、あなたは、どんなセルフトークをしているだろうか。

ひどいプレーをしたことについて、叱りつけているだろうか。遊撃手としてエラーしたことを責めているだろうか、それとも三振したことについてだろうか。

そうでなければ、逆の方針を取っているか。以前あなたが素晴らしいプレーをした試合の中からいくつかの試合を思い出して、過去の試合でどんなにうまかったかというのをよみがえらせるために、秘密のペップトークをしているだろうか。

スクラップブックを取り出して、自分が見出しになった試合の切り抜きを読み直しているだろうか。家に電話して両親の優しい声をちょっと聞いているだろうか。それとも、ガールフレンドに電話してあなたをサポートしているという言葉と慰めの言葉を聞いているだろうか。

そう、もちろん、これらのどれでもできる。そしてどれによってでも、一時的に、束の間の時間、心は救われるだろう。

しかし、ここで重要な言葉は、**一時的**に、ということだ。どうして試合でそのような失敗をしてしまったのかについて取り組み、そして、その失敗から学び、修正しなければ、現実には単に失敗を繰り返す可能性が高いからだ。

言い換えれば、ただ気分が悪い、またはプライドが傷ついた感じを和らげるだけでは、試合への取り組み方は変わらないだろう。

私の目から見ると、客観的なセルフトークを、生産的で有意義な方法で作っていかなければならないと思う。試合でのプレーの苦痛をちょっと脇に寄せて、感情を出さずに科学的な方法で自分のプレーを見直すには、現実的には努力が少し必要であり、また、精神的な強さも必要になる。

試合前のビジュアライゼーションについてどのように話したかを覚えているだろうか。そう、試合後にビジュアライゼーションするということ以外は、同じようなものなのだ。メンタル面から、自分がエラーとか三振などをすることについて見てみよう（もし実際に見ることができるビデオがあれば、当然ビデオを見直す時間を割こう）。

ポイントは、何が悪かったのか、また将来しないようにするにはどうすればよいか、を理解するには、自分自身をそのプレーから分離する必要があるということだ。

ここで、私が何年もトップアスリートに伝えてきた、試合後のセルフトークの開発の仕方を紹介する。

まず、試合へのつらい感情と怒りから出るアドレナリンのすべてを落ち着かせ、鎮めよう。試合が終わった直後には、客観的なセルフトークはできない。試しさえしないように。その代り、しばらく心が痛むのは仕方ない。それは自然なことであり、予想されることだ。別の言い方をすると、アスリートなら、自分がしてきた努力に落ち込んでしまうものだ。

しかし、シャワーを浴びて、食事をした後に、静かな時間を数時間持とう。まだ苦痛はあるかもしれないが、少なくとも試合中や試合直後のような鋭いものではないだろう。その静かな時間に、自分の**メンタル面で試合を分析**する必要がある。自分の分析を書き留めることができるように、近くに紙とペン、あるいはノートパソコンがあると役に立つ。

試合後のビジュアライゼーションで、エラーと三振について注意深く見直す。それらを頭の中で再現してみるか、試合のビデオを見る。スローモーションでそれらを見る。それから、その守備や打席での正しいやり方と思うことを必ず正確に書き留める。例えば、準備の仕方、動き方など。それからもっと重要なことは、そのときに**間違えてしまったことを特別に**書き留めることだ。

言い方を換えると、必ず、そのような失敗をしないようにするために必要なことは何かに焦点を絞って分析することだ。自分自身にイライラしたり、狼狽したりしないこと。これは精神的に試合後に調整する時間だ。科学的に自己分析をすること。自分が何をすべきだったかに直接焦点を当てるのではなく、むしろ、もっと重要なこと、つまり、将来修正するのに鍵となることは何かということに焦点を絞るのだ。例えば、ゴロが股の間を抜けたときのことを次のように書き留めてもいいだろう。

・ゴロを捕るポジションに行くのが少しゆっくり過ぎた。もっと素早く腰を下げるべきだった。

・ボールがポンと浮き上がるだろうと思っていたが、そうならなかった。
・バッターの足が速いのがわかっていたので、それを前提に、必要以上に素早くプレーしようと急いだ。
・どんなプレーでも自分が最初に打球をさばかないといけないということを認識する必要がある。
・もっと早く、もっと素早くポジションに入る必要がある、そして体をもっと低くしておく必要がある。

これらは、内野手が肝に銘じておくべき、簡単な試合後の自己調整のようなものだ。これをすべて書き留めたら、どれだけ取り込め、そしてどんなに将来に向けての教訓が得られるだろうか、と驚くことだろう。体を動かして、これらのメモを日記やノートに書き留めるというのは重要なことである。ちょうど、授業でノートを取り、学校でのテストに備えるように、自分のプレーについて基本的なポイントを書き留めることで、自分の身につくのだ。

簡単そうだろう？　試してみよう。これが私の最大のアドバイスだ。心と体を使って重要なポイントを書き留めるとき、脳は非常に安全な場所にその情報を維持する傾向があり、そして何よりもまず、忘れないのである。

この種のセルフトークによって、実際にいつか将来良い結果がもたらされる。このセルフトークのことを、経験から学ぶこととか、失敗から学ぶことなどというアスリートもいれば、ある種現実を把握すること、と考えているアスリートもいる。用語が何であったとしても、セルフトークでは、ダメな試合をしたとか、チームメイトをがっかりさせたなどと自分を責めることだけに注目しないことが重要だ。そして、自分がどんなにいいアスリートかと納得しようとするものでもない。むしろ、自分個人に特化した、心の中のゲーム分析によって、重要な修正方法を学ぼうとするものだ。

悪い日を前向きに変える

もちろん、最も大きな関心は、試合に出てまた同じ失敗をするかどうかだ。例えば、ツーストライクからのチェンジアップにひっかかり続ける、ゴロの打球を捕るために体を沈ませるのをすっかり忘れてしまう。どんな失敗やミスでも、自分が間違えを客観的に見直し、何とか直していかないと、同じような失敗をし続けるという深刻な危険を冒すことになる。そうなると、あなたのキャリアは自分が予想していたよりもずっと早く終わりを迎えることになる。

なぜだろうか。どんなスポーツであってもコーチやスカウトは皆、アスリートには悪い日がありうるということに、本当に同情し、理解しているからだ。まあ、そういうことはあるのだ。私たちは皆、人間であり、間違いを起こしやすい。しかし、良いコーチやスカウトであればあるほど、あなたが修正することなく同じ失敗を繰り返し続けるかどうかを見ている。繰り返していると彼らは、あなたには自分の間違いに反応して直す能力がないのかな、と思い込む。それはあなたについてまわる良いとは言えないイメージだ。

そうだね、私の経験では、このようなゲーム中の失敗や間違いに対抗する最も良い方法は、それらに直面化して何が悪かったかを注意深く分析することによって直す、という前向きなステップを踏むことだ。自分自身でそれらを書き出すという、そのような問題を直すための自発的な取り組みが、最も力強いステップである。

そうすれば、もう二度と三振しないのだろうか。ゴロの打球をエラーしないのだろうか。もちろん、ノーだ。しかし、この方法で重要なことは、守備で重要なプレーをする必要のある接戦の試合で、自分が精神的に準備できており、正しいプレーをする準備ができているということだ。または、打順が回ってきたときにピッチャーの速球を引き裂く用意ができており、また精神的にチェンジアップを予想する準備もできている、ということである。

私は、これがメンタル面での経験感覚を開発するための基本的なことだと思っている。すべてのスポーツにおいてコーチたちはよく、「ルーキーズ・ミステイク」とか、まだ若くて十分な試合経験のない選手だなとか、という話をする。しかし、そういうコーチたちに、どのようにしたら若いアスリートにその種の試合経験の感覚を持たせればよいかと尋ねると、単純に、そのような経験感覚を身につけるには、試合を多く経験するしかないと答えるだけだ。

私は、試合後に自分のプレーをこのように精神的に分析することで、若い選手がルーキーズ・ミステイクという困難を通過する過程をスピードアップできる、または手早く片付けることができるとよく言ってきた。そう、少し宿題をするようなものだ。ちょうど高校時代に試合が終わって家に帰って宿題をするというようなものだ。そしてちょうど学校の宿題のように、これは自分の勝負を次のレベルに引き上げたいと思っている、そして試合全体でのプレーをもっと良くしようと思っているアスリートであれば、誰にとっても重要なことなのである。

アスリートはひとつひとつの試合やコンテストの前に、それに集中できるように精神面での準備にしばらく時間を費やす必要がある。このことを知ることが、最低限のことだ。伝説のオリンピックの水泳選手、マイケル・フェルプスを見てごらん、彼は数多くの試合で泳いできたが、いつも真剣な「試合の顔」をして、レース前に集中できるように少なくとも30分はみんなの前から姿を隠していた。他にも数えきれないほど多くのアスリートが同じことをしている。

しかし、試合後に、その試合でやるべきだった正しかったことや、もっと重要なことだが、間違えたことに注目して、次回は確実正しくできるようになるための鍵となる、修正の仕方について集中する時間を割くアスリート……そう、そのようなアスリートが、シーズンを通してプレー全般を着実に改善していけるアスリートなのである。

第９章

メンタル
キューカードの力

THE POWER OF THE MENTAL CUE CARD

メンタルキューカード

ハーベー・ドルフマンから教わった最も重要な技法の一つが、彼がメンタルキューカードと呼ぶインデックスカードのようなものだ。

そのカードは、要するに、標準的な白い索引カードにアスリートが次の試合にメンタル面で集中できるようにと、４つか５つのポイントを非常に短く箇条書きした、自分だけに特化した他に類をみないカードである。

話だけでは単純そうに聞こえるが、実際には非常に力強い道具である。それは、まさにアスリート個人個人に特別に作られたものだからだ。そして、アスリートには、自分が精神面での注意すべきことをはっきりと書いたカードを作る責任がある。

言い換えると、そのカードにはいいプレーをするために集中し、照準を合わせようと考えている鍵となるポイントが書かれている。一般的に注意すべきことというと「積極的に取り組み続けろ」とか「常に１００％の力を出そう」などというような魅力的な言葉であるが、このカードの目的ではそういうものではない。

メンタルキューカードは、どちらかというと、プレーがうまくいかずに悩んでいるとか、最近スランプに陥っているとしたら、自分がうまくやるために必要なことに特に焦点を当てるようにする。いっしょに働いていたベテランメジャーリーガーの外野手のことを覚えている。彼はバッティングでスランプに陥っていた。彼は振るのが早過ぎてしまい、その結果、外角の球をひっかけたり、簡単にフライでアウトになったり、ショートへの弱いゴロになってしまったりしていた。

考えてみてほしい。メジャーリーグのピッチャーは普通に時速145キロ以上のボールを投げる。バッターはバッターボックスで非常に早く反応しなければならないので、特に右のバッターボックスに入るバッターであれば、自然に早く振りたくなってしまうものだ。そうすると、一瞬でも早く振り始めてしまうと、ピッチャーに騙されて三振になるか、ショートやセカンドへの普通のゴロを打ってしまう可能性が高くなる。

言い換えると、しっかりと当たらなくなる。数打席それが続く。そうなると、スランプに陥るのである。

メジャーリーグのバッターは、すべての投球に非常にきちんと対応していく必要がある。それでこの特別なバッターは、多くのビデオテープを研究し、チームのバッティングコーチと広範囲にわたって取り組んだ。しかし、それだけではない。試合の前だけでなく**試合中**にも見直せるように、自分に合うメンタルキューカードを作ることにしたのだ。私に作るのを手伝ってもらうために、彼は私のところに来た。彼は自分のインデックスカードをビニール製のブックケースに入れ、ユニフォームのズボンの後ろのポケットに入れておいた。そしてそれは試合の当日の基本的な装備品の一つとなった。

彼のキューカードに記載された、バッティングで気をつけるべきことというのは、まさに彼だけのものだった。

・常にゆったりとすることを忘れるな――ボールをもう少し待て。
・1球、1球、ライト方向に打つことに常に集中すること。
・カーブやスライダーを引っ張ることはできない。
・常に、絶対に、初球を打つ用意をしておくこと。

この選手が試合中ネクストバッターズ・サークルで、いつもメンタルキューカードを取り出して見ているのを見ていて、私は誇りを感じたのは事実だ。そして、彼が右中間に堅実なヒットを打ったときには、もっといい気分になったものだ。

メンタルキューカードの書き方

どんなアスリートでも自分のメンタルキューカードを作ることができる。しかし、それを効果的なものにするには、最初に自分がトップレベルでプレーをするために試合で集中すべき鍵となることを決めなければならない。特に若いアスリートでは、それを絞り込むのが難しい人もいるかもしれない。前記のメジャーリーグの外野手のように、よくある間違いを繰り返してスランプを長引かせないように、キューカードを心にとどめておくべきことを思い出すためのリマインダーとして用いているアスリートもいる。

ところで、メンタルキューカードはいつでも書き直して修正することができる。もし試合での状況が変わったら、もちろんキューカードをそれに合わせて修正する。このカードの良いところは、うまくプレーするためにやらなければならない詳細で綿密なゲームプランを反映できるところである。

アスリートが即席で作ったメンタルキューカードを見ることがあるかもしれない。例えば、野球帽のつばの下に鍵となる言葉やリマインダーをインクで書いているとか、スニーカーや試合で身につけるリストバンドに鍵となるメンタル面の言葉を書いていることもあるだろうし、試合中に再度注意を向けられるように、手のひらにインクで書いているアスリートもいるだろう。

で、結論は？ メンタルキューカードは役に立つのか。そう、ドルフマンがかかわった多くの成功したアスリートから判断し、また、私が数年にわたっていっしょにやってきた多くのアスリートから判断すると、メンタルキューカードはそれを使う人たちに本当にいい影響を与えてきたと思っている。

実際、メンタルキューカードは、アスリートに自信という追加のクッションを与えるものである。身体的に準備ができて、試合に向けて一生懸命練習し、そしてたぶんビジュアライゼーションを通してメンタル面で準備する時間を取る一方で、外部のことに気を散らさないように精神面での注意事項を簡単にまとめたメンタルキューカードを用意した。そして今、いつもと同じしっかりとした取り組み方で試合に集中している。試合の展開が「スピードアップ」したときには、これらのメンタルキューカードは、アスリートの心の骨組みを支える保険として役立つ。このキューカードを参考にすることによって、少し落ち着くことができ、再調整することができるのだ。

試合への準備方法を見直す

試合後の評価と試合中のメンタルキューカードについて論じてきた。少し戻って、試合前の準備の仕方について見直してみよう。

アスリートの多くは一般的に、高校に入るまでにその人特有の試合前のルーチンを作っている。そのルーチンには、ある時間に起きる、同じような朝食や昼食を取る、気持ちを鼓舞する好みの映画を見る、もちろんロッカールームで自分が選んだ音楽を聴くなどということも含まれる。すべていいことだと思う。でも私はあなたには、試合当日の準備の仕方を一段階レベルアップするようお願いしたい。自分のルーチンについて考え分析する時間や、自分の準備の仕方で質を高められるところや改善できるところがあるかどうかを確かめる時間を、作るべきだ。

私たちの多くは、自分がしていることが快適だとわかると、一般的にはそれは常習のようなものになる。そしてもちろん、多くのアスリートが行っているスーパースティションの一部も、同じルーチンにはまるとか、同じ儀式をするというものだ。私はあなたに、自分の試合前のルーチンをスリムにするとともに、それを自分が次の試合で成し遂げたいと思っていることに集中させるようにしてみてもらいたい。

自分が試合で適切に考えられるように、特別な活動を精密に計画し、まとめてみよう。例えば、午後7時にナイターが始まるプロ野球選手について、理論上の工程表を次のように書いてみた。

午前：私的な用事や雑用、洗濯、朝食など。試合はまだずっと先に思える。あなたはそれに気づくべきだが、その日のこの時点では、ただ忙しくしている。

午後2時から3時の昼食：試合時間が近づいてくると軽食と水分だけを取りたくなるので、この昼食はかなり大量に取るべきだ。今、試合時間があなたの心の中に現れてきているところだ。

昼食後：暗く静かな部屋でビジュアライゼーションのルーチンを20～30分行う。

午後4時、野球場に到着：野球場に入ったら、自分の生活や関心事、困っていることなどすべてを意識して忘れるのだ、ということを思い出すこと。

一度野球場に入ったら、電気料金を期日通りに払ったかどうかとか、朝ガールフレンドとした口喧嘩などということではなく、これから行うプレーに完全に集中しなければならない。そのような気を散らすことは、すべて野球場の外に置いてくるのだ。

いい知らせは、ほとんどのアスリートにとって世間の問題や関心事を、野球場から切り離しておくことは、いつもありがたいもの、ということだ。多くのアスリートは、このように日々の生活を一時的に停止することで心ゆくまで楽しめる。クラブハウスまたはロッカールームと野球場は、野球選手が微笑み、リラックスし、お互い軽口をたたける、癒される私的な聖地であり、事実、野球選手にとってはいい気分になれる場所なのだ。

信じないかもしれないが、この陽気な同僚たちとの友情は、精神的に落ち着いて試合に臨むための重要な要素なのだ。張りつめたまたは静かな雰囲気で、選手が互いにからかい合うことのないロッカールームは、アスリートは精神的に活気がなく、実際に緊張不安を抑え過ぎていることを暗示している。コーチや監督の多くはこの種の環境に敏感で、選手の心を開き、リラックスさせ、ふざけさせるために、彼らはできるだけのことをしているのだ。

午後4時15分 道具の確認：今夜の試合に必要な自分のユニフォームと道具を調べる。

アスリートの多くは、靴や野球用バット、グローブ、サングラス、野球帽などがいい状態であるかどうかを確かめるなど、道具がすぐに使えることを確認するのに時間をかけない。

これはばかげているように聞こえるかもしれない。試合の中盤で自分の靴紐が切れているのを見つけたり、自分のバットの柄にわずかにひびが入っているのに初めて気づいたりすることほど悪いことはない。ポイントは、この試合に向けて準備している時間が、これらの問題を点検するのに適切な時間だということだ。試合中にこのようなことで気が散らされる必要がなくなる。

午後4時30分 ビデオを見直す：15～20分間、自分の最後のプレーのビデオを確認する。鍵となる修正に必要なことは何でも心に刻む。これは、自分の思考を今夜の試合で挑戦することに照準を合わせる、という効果がある。

午後5時 メンタルキューカードを見直す：ビデオを見た後、メンタルキューカードを見て、鍵となる修正点を強化する。必要であればカードを最新のものにする。修正は単純に、そしてすぐに理解できるようにしておこう。

できればメンタルキューカードを試合中に携帯できるようにしておこう。そうすれば必要なときにはいつでも参考にすることができる。そのカードを、うまくいかなかったときや、うまくいかないときに落ち着きを維持するための真の羅針盤として、あなたに仕えてくれる信用できる仲間と考えよう。

野球グラウンドへ出る：ストレッチやバッティング練習、またはその他のことをするためにグラウンドに向かうときは、その夜の試合で焦点を当てたい要素にだけ、注意を完全に固定するべきである。

気楽でくつろいだ感覚が底流にあるとともに、**自分が何をしたいかわかっている……自分が過去にそれをやったことをわかっている……そして今夜またやれることをすごく楽しみにしている**、と考え、バランスのとれた自信を持つようにしよう。

そして今、試合後のルーチン：多くのアスリートは準備をするために、試合前のルーチンに非常に注意を払っているのだが、皮肉なことに、試合後のルーチンにはほとんど注意を払っていない。

試合が終わったときには、勝敗や自分の結果にかかわらず、少なくとも15～20分間、気持ちを落ち着かせるようにする必要がある。試合後の少なくとも20分はロッカールームにメディアを入れないのはそういう理由であり、アスリートの気持ちが落ち着くのを待っているのだ。

個人としては、ユニフォームを脱ぎ、シャワーを浴びるときが、自分の試合を復習し、試合中にどのように感じたかを、心の中でチェック項目に従って調べ始めるときだ。しかし、一つ注意点がある。自分のプレーを振り返るときには、自分がプロとして、そして客観的に自分の良かった点とうまくいかなかった点を振り返ることができるかどうかを確かめよう。

説明しよう。アマチュアのアスリートは、試合で大きなヒットを打ったとかタッチダウンで得点したとか、コーナーからすごいシュートを決めたなどというような、実際に特別なことをした瞬間に注目する傾向がある。アマチュアは、その魔法のような瞬間によって高揚し、その夜の自分のパフォーマンスの決定的な瞬間だったと、その鍵となったプレーだけを振り返り、考えるのである。

実際には、そのアマチュアは三度三振していたかもしれず、またはバックスとして何度かブロックミスをしていたかもしれない。また、たくさんの簡単なシュートを外していたかもしれない。しかし、アマチュアのアスリートは、自分のビッグプレーによって、これらのあまりよくなかった瞬間をすべて洗い流してしまうのだ。

しかし、プロのアスリートにとっては、このような反応は適切ではない。確かに大きなヒットを打ったのは素晴らしいことだ。そしてそれでいい気分になるだろう。とはいうものの、それは自分でも期待していたことであり、あなたの仕事なのだ。

でも同様に、3回三振したことも、同じような考え方で見なければならない。自分のプレーの良かったことと悪かったことで、自分を高め過ぎることも下げ過ぎることもしてはいけない。むしろプロフェッショナルは、その夜のプレーをジグソーパズルのようなものと見なし、チームメイトや友人との夕食のためにクラブハウスを出ていくように考えるべきだ。すなわち、OK、バッティングで鍵となる修正をして、9回に重要なヒットを打った。**しかし、そうやってスイングの重要な修正をしていたのにどうしてその前の3打席、どれも三振してしまったのだろうか？**

あなたがそのように分析的に、科学的に、そして感情を入れずに考え始めたとき、大きなヒットを打ったことでどんなに興奮しているかということだけに焦点を当てるアマチュアではなく、真のプロフェッショナルとして、試合に取り組み始めていることになる。

信用してほしい。それが大きな前進なのだ。

自分の才能に客観的になる方法を学ぶ

自分のスキルについて分析するようになると、それとともに、何が自分の実際の身体的才能なのかが徐々にわかってくる。

これもまた、すべてのアスリートにとって、昇格する、経験を通して成長していくという、全体的な成熟過程の一部である。要するに、あなたは自分が特別にうまくできること……そして同様に、どの技術がきっと自分には手が届かないものなのかを、吟味する必要があるのだ。

この手の自己評価がないと、あなたのキャリアは短いものとなるだろう。

例を挙げてみよう。子供のとき、私は昔のワシントン・セネターズのファンだった。そこには守備がうまく好打者である内野手がいた（彼とは家族ぐるみの友人なのであえて名前は出さない）。彼は時々ボールを完璧にとらえ、そのボールは古いグリフィス・スタジアムの左翼の海綿状の壁を越えていったものだった（訳注：グリフィス・スタジアムはホームランが出にくいスタジアムとして有名）。

問題は、この右打ちの内野手は、ホームランを打ったときにはいつも、新たに気づいた自分のパワーに大変高揚してしまい、続くすべての打席でホームランを狙ってしまったことだ。ご想像のように結果は悲惨なものだった。「自分の能力の範囲内にとどまる」代わりに、オーバーフェンスしてベースを回っているときのうれしさや自尊心の高まりを思い出していたに違いない。

もちろん、そのホームランは、その打席で突然見出したパワーの兆候というよりも、まぐれあたりの何ものでもなかった（彼は年に1、2本しかホームランを打っていなかった）。むしろ、彼は基本的に単打や二塁打を打つバッターであり、そもそも彼がメジャーリーグに来られたのはそのためだ。しかし、そのことを思い出すのではなく、むしろフェンスを狙うために大振りし始めてしまったのだ。やはり、彼は「ホームランバッターは派手な車を運転する」という古い野球の決まり文句を重々知っていたはずだ、と私は確信していた。

結果、この選手がホームランを打とうとすればするほど、逆に通算打率はどんどん落ちていってしまった。野手の隙間を縫うライナーを打つ代わりに、ポップフライや弱いゴロを打ち、さらに悪いことには確実に三振が増えていった。彼の打率は沈んでいくだけだった。

再びになるが、実際にはこれはビデオテープが利用できる前の時代である。また、ついでに言うと、バッティングコーチはまだ盛んではなかった時代でもある。この内野手は、ホームランを打ってしまって、バッティング方法を変えようと思ったために、スランプに陥ってしまったのだった。彼が振りを小さくし、以前のバッティング方法に戻すまでに2～3週間かかった。しかし、それまでに彼は貴重な通算打率を下げてしまうのだった。

ポイントは、スポーツのはしごを上っていくとき、自分が持っている正確なスキルは何か、そしてそれを利用するためには何が必要かということに早く気づく必要があること。さらに、もし自分の才能の境界線を越えてしまうようなことがあったら、どのように自制するかを知っておく必要があるということだ。

それは明白で単純なことに聞こえるかもしれない。しかし、真実は、あまりにも多くのアスリートが自分のスキルのレベルを見失う。さらに悪いことに、他のスキルにちょっと集中して取り組むだけで、そのスキルを高めることができると考えるようになってしまうのだ。

ここにその現実を示す。もしあなたが野球選手としてベースランニングの速さが優れているとしたら、それを基本的な才能とする必要がある。バントヒットの仕方、一塁ベースにより近くなるために左打ちの方法、フライやポップフライをなくすためにボールを鋭く打つ方法、塁に出たら大きなリードを取る方法、塁に出ていることでピッチャーを神経質にさせる方法など、足が速いというそのスキルを最大限に役立てる方法を、可能な限りすべて学ぶことだ。

しかし、もし自分の速さを単に当たり前のことと考えたり、その能力を最大限に役立てようとしなかったりするのであれば、結局自分の才能を無駄にすることになる。同じようなことは、物すごいカーブやチェンジアップを持っているのに、それを投げるのを嫌がるピッチャーにもあてはまる。もしこのような才能を持っていて、しかしそれを利用していないとしたら、あなたのキャリアは伸びないだろう。驚くほど多くのトップアスリートが自分の本当の才能――スカウトが最初に気づき、その才能のおかげでプロとして契約できたのに――その才能をはっきりとはわかっていないのだ。本当に完成した選手というのは、大学レベルやプロレベルになるまでに、自分を次の高いレベルに引き上げてくれる、自分が持っているスキルを正確にわかっているのだ。

このように、自分の最高のスキルが何であるか、または実際のスキルが何であるか、そしてどうしたらそのスキルを試合で最高に利用できるのかについて、厳しく自問自答する必要がある。もしこのようなことができないなら、コーチの隣に座って、聞いてみてほしい。心配はいらない。コーチはあなたのいいところ、そしてあなたが次のレベルに上がるのにやり続けるべきことを、正確に知っているはずだ。

第10章

「その瞬間にとどまれ」そしてフォーカル・ポイントを見つめる

"STAY IN THE MOMENT" AND FIND YOUR FOCAL POINT

その瞬間にとどまる

私は、有名なメンタルトレーニングのコーチで、主に西海岸を拠点としていたケン・ラビザを長年大変尊敬している。ラビザは、選手が「その瞬間」とどまることについて、いつも話している。これは、どんな競技でもその試合中、良いときとそんなに良くないときの両方があるということを意味している。何か良いことが起きたら、そう、多くのアスリートは何の問題もなく、自分自身と自分がしてきた努力に対する自信を持てる。

しかし、アスリートが試されるのは、何か悪いことが起きたときだ。そのときアスリートは、そのまずいプレーを何とか分離し、その瞬間に置き去りにして、前に進まなければならない。確かに口で言うほどやさしくはない。しかし、物事が悪い方に向かっているとき、あなたは2、3秒、その状況に集中する必要がある。そして意識的に自分の背中を押して動き始めるのだ。そうすれば、あなたは自分に訪れようとしている**次の**プレーに集中できる。

もしまずいプレーや自分のミスに悩んでしまったら、プレーは現実に来ては去っていくので、あなたは次のプレーや残り試合への準備をしないというリスクを冒すことになる。その悪い瞬間をすぐに過去のものにして、前に推し進み、次のビッグプレーに備え続ける必要があるのだ。

ラビザは2016年4月22日に、大学野球の問題について「野球選手として自分の周りで起きていることをコントロールすることはできません。**ただ、そのことへの対応の仕方をどう選ぶかをコントロールすることができるだけです。**自分のプレーをコントロールする前に、自分自身をコントロールしなければならない」と述べている。

もちろんこれは、常に自分の感情をコントロールする、ということだ。あなたは、競技の最中に自分の感情が暴走してしまうと、自分のアスリートとしてのスキルを生かせなくなってしまうということをもうわかっているだろう。接戦でフリースローを打とうとするときだろうが、重要な1メールのパットを沈めようとするときだろうが、外角に来たカーブを打とうとするときだろうが、感情の暴走はただ目標の邪魔になるだけだ。

まさにそういうときが、2、3秒間の精神統一が、絶対的に必要なときなのである。

ラビザはそのアドバイスを基本的には野球選手に向けて行っているが、同様の取り組みはどんなスポーツにもあてはまる。もし、コントロールできるようになってトップレベルのプレーをしたいと思うなら、まず、**自分のプレーのコントロールの仕方を身につける必要がある。**そうすることで、あなたはもっと気楽になり、自信を持てるようになる。それだけではなく、試合中に周りで起きていることすべてを、ゆっくりと感じさせる効果もあるのだ。

試合を支配し、集中し続けるにはいくつかの方法がある。しかし、順調に試合をするためには、精神面で参考にすることができる基準点（ベース・ポイント）のようなものが特に必要である。例えば、自分だけの呪文や短い文のような文章を心の中でつぶやくとか、息を吐くときに声に発することで、自分を中心点に戻すことができるだろう。この中心点というのは、自分のペースで試合するため、理想的には、ゾーンに戻るために必要なレベルの、精神的な安定性のことである。

本書の前章で述べたが、テレビ放映されている試合の最後に、抑えのピッチャーが静かに自分に話しかけているとか、セルフトークをしているように見えることなどが時々あると思う。多くの場合、これはピッチャーが自分自身を、自分の親友のように振る舞っているもので、自分のペースを守る方法と困難な最終回の切り抜け方を、言葉で思い出させているのである。

たぶん好きな歌や、人生の中での非常に特別な瞬間の視覚イメージに集中することによって、自分自身を再調整するアスリートもいるだろう。あなたのベース・ポイントが何であろうと問題はないが、それが精神面を立て直し、再び集中し、素早く前向きな方向に仕切り直して、試合を再びコントロールできるようになることが重要なのだ。

ケン・ラビザは、アスリートが試合中にどんなときにも注意を向けられるフォーカル・ポイント（じっと見つめるもの）を持つように話している。それは特別なベース・ポイントで、即座に精神的な安定と目的意識を取り戻せるようなものだ。フォーカル・ポイントは、不変なものであれば野球場にあるもの何でもいい。自分が落ち着くならば、旗竿をフォーカル・ポイントとして使うこともできるだろう。または、外野のフェンスにある広告の看板でもいいだろう（ところで、別の熟練のメンタルトレーニングの研究者で『The Inner Athlete』の著者であるロバート・ナイデファーもまた、フォーカル・ポイントを見つけるように提唱している）。

何を選ぶにしても、試合が始まる前にこのフォーカル・ポイントをうまく選んでおくべきだ。それを頭の中にたたき込んでおくこと。試合中に手に負えなくなったときや、集中力がなくなってきたとき、自分が感情の上がり下がりの餌食になっていると思ったときはいつでも、少し時間を取って正しい方向（ベース・ポイント）に戻るために、自分のフォーカル・ポイントをじっと見つめるのである。

その瞬間を通り過ごさせるのだ。フォーカル・ポイントは、自分の取り組み方や感情的な考え方、そして自信をリセットするために、心に休息を与えてくれるだろう。数秒間「リフレッシュ」した後、目の前の課題に戻ることができる。

集中力を失ったトッププロテニスプレーヤー

その瞬間にとどまれなかった、という古典的な例を示す。その瞬間にとどまれなかったために、感情的な考え方が徐々に高まり、その人の1日を破壊してしまったというものだ。これはトップクラスのテニスプレーヤーの一人に起きたのだった。

アンディ・マレー、彼は夏のATPツアーで最も安定した成績を残しているプレーヤーで、2016年のリオデジャネイロ・オリンピックでは男子シングルスで金メダルを獲得した人だ。彼はその年のUSオープンでは第2シードで、その大会の有力な優勝候補の一人だった。

しかし、2016年USオープンの準々決勝で錦織圭と対戦したとき、マレーは試合で冷静さを失っていた。彼は実際にはその試合をセットカウント2対1でリードしていたが、そのときニューヨークのフラッシングにあるアーサー・アッシュ・スタジアムでは雨が降り始めた。屋根を閉め、コートを乾かすために試合は中断された。プレーが再開してからも、マレーはその試合をリードし続けていた。しかし、あるポイントの間中、予期しなかった不可解なゴングの音が鳴り響き、マレーは集中力を失ったように見えた。そのポイントはプレーやり直しとなった。

マレーの集中力はダメージを受けた。彼はこの気を散らす音に動揺したように見えた。ニューヨーク・タイムズによれば、彼はコート上を飛び回っている蛾でいっそう悩まされてしまった。それからまずいショットに怒り、異常なフラストレーションいっぱいに、マレーは自分のラケットをネットの上部に投げつけた。

しかし相手の錦織圭は集中を維持し、それほど長くかからずにマレーを下し、準決勝に進出した。

アンディ・マレーは熟練のプロテニスプレーヤーだ。そして彼は非常に安定した成績を残してきていた。しかし、理由は何であれ、彼の精神的な集中は試合の中盤で崩れてしまい、彼は「その瞬間に生きる」ために、そして雨による遅れを取り戻すためにさまざまな試みを行ったと思うが、想定外の雑音や蛾などによって、彼は明らかに感情的な気性を制御することができなくなったのだ。そして結局、彼はその試合を失ったのである。

もちろんマレーはその大会以降も進み続けており、今でも世界のトップテニスプレーヤーの一人だ。しかしポイントは、もしマレーでさえ試合の焦点と集中力をそんなに素早く簡単に失うようなら、どんな競技アスリートでも、同様の精神的破綻の犠牲になるのは明らかである。

不安緊張を喜んで受け入れる

どのアスリートもスポーツで競争するということは、ほぼ感情を取り扱うということであるとわかっている。もし、試合中の競り合いで興奮しなかったら、その日に戦う用意が実際にはなされていなかった、ということになる。

しかし、もし、感情のために自分のプレーがうまくできなかったら、コントロールを失い、仕事をやり遂げられないというリスクを負うことになるのだ。

これは大いに皮肉なことだ。というのは、すべてのアスリートは強い感情を持って、体中に大量のアドレナリンを出して試合を始めるからだ。考えてみよう。あなたがフィールドに向かって走る、コートに立つ、スケートリンクに入る、またはどんなスポーツでも出場する、そういうときには、私が言っていることがわかるだろう。それが、(自分は) トップのアスリートである、学校のユニフォームを着ている、ただその日は良いプレーをしたいなどという、どのような誇りであったとしても、そのときには、あなたの体は強い感情でいっぱいになっているのだ。

しかし、その日に成功するためには、自分のレベルでプレーができるように自分の感情に「計測器」をつけておかなければならない。その計測器を持って行き、仕事を成し遂げるために、ものすごくビジネスライクに、そう、プロフェッショナルにならなければいけないのだ。

アスリートは試合の前にイライラする、ソワソワするなどというのをよく聞くと思う。もちろんそればすべて生の感情だ。しかし、アスリートが「最初の投球をしたら、または最初のプレーが終わったら、ソワソワ感はなくなり、試合に集中できる」というのも、聞いたことがあるだろう。

まさにこれが、私が言っていることなのだ。もしどんな日でも成功したいと思ったら、試合では感情の部分を抑える必要がある。自分の感情に邪魔されると、本当に試合に標準を合わせて集中することはできない。

これは試合の前にも試合中にも緊張を解く必要があるとか、緊張を解くのが望ましいとかという提案をしているのではない。信じないかもしれないが、体が興奮していたり、またはソワソワしたりしているときに、そのような感覚を払いのけようとしないこと。

どうしてか。**それは、そのような感覚は良いものだからだ**。それは、あなたの体が、今十分に準備ができた、完全に活動する用意はできた、とあなたに教えているのだ。緊張を解くようにいうスポーツメンタルトレーニングの研究者もいる。それは真逆だと私は言いたい。あなたはその緊張を、自分は試合に標準を合わせて集中しているという、歓迎される兆候として喜んで受け入れよう。

私は、ビル・ペニントンがニューヨーク・タイムズ（２０１6年7月15日付）に書いた、プロゴルフの大きなトーナメントのときにプロゴルファーのブラッドリー・キーガンがどのように不安緊張に対処しているのかについての論文を読んでいた。キーガンは、「もし緊張したら、私はそれをただ感じ、それを受け入れようとして、動き始めます。それを遮断しようとはしません」と述べている。

実際、キーガンは、緊張を遮断しようとしていることが、必要のない何か気を散らす作業であることがわかっているのだ。さらに彼は「緊張していると感じたら、それはいいことなんだ。それは自分が何か正しいことをしているというのを示しているんだ」とも。

つい2、3年前までは、不安緊張を楽しみにしているというような取り組み方はスポーツメンタルトレーニングの研究者に退けられていた。しかし近ごろでは、ブラッドリー・キーガンが提唱していたように、緊張は自分が試合に参加していることを確認できる前向きな兆候であるとみなされている。

言い換えれば、あなたは体の神経と試合の邪魔になるかもしれない他の感情のバランスに、もっと強く注意を払うようにならなければいけないのだ。あなたはちょっと神経質になるだろうし、そうなるべきだ。それがあなたの競技に対する準備であり、用意なのである。そして緊張という感情は、遮断するとか、避けるべきなどというものではない。

しかし、このちょっとした違いは、私はわかるのだが、あなたは他の気を散らす感情はコントロールし続けようとしなければならない。感情にはうれしさの爆発から絶望という不快落ち込みまである。そのような感情は自分の試合運びにマイナスの影響となるのである。

否定的な感情とユーモア

ここで、試合中のストレスのある状況に対処するのに役立つ方法を、2つ紹介する。

ケン・ラビザは、トム・ヘンソンというスポーツメンタルトレーニングの同僚とともに、否定的な感情を取り除くための別の方法についても話している。それは、気持ちの上で、否定的な考えやまずいプレーを小さな石の中に移しこむ、というものだ。

すなわち、他の何よりも明らかに抽象的なものだ。今日の試合でうまくいっていないことを素早く振り返り、そして小さな石を拾い上げる。そして、あまりよくないという感覚すべてを、脳から無生物である小石の中に移し入れた気持ちになり、それからその石を遠く、遠くのほうへ放り投げる。

もちろん心理学的に、自分の否定的な考えや大変さを小石に移したと考えることで、頭は素早く明確に新鮮な切り替えができるだろう。これ以上悪いプレーはしないぞ！　否定的なエネルギーはすべて小石の中に詰め込み、すべて頭から取り出した。そしてもちろん今、その石は遠くに放り投げられ、もはや自分の心や体の一部ではない。

これは役に立つだろうか。そう、すべての心理学的方法と同様に、うまくいくかどうかは人による。しかし、ひどいスランプのときには、きっと試してみる価値はあるだろう。

試合中にいろいろなことがまとめて襲いかかってきたときの緊張を解くためのもう一つの方法を紹介しよう。長い期間ピッチングコーチをしているリック・ピーターソンは、緊迫した状況を緩めるユーモアの力について話している。ピーターソンは、2、3秒ピッチャーを笑わせる、または微笑ませるだけで、ピッチャーの緊張を散らせると、強く主張している。

ピーターソンの長年の経験では、一度おかしな気の利いた言葉や意見で陽気にくすくす笑う時間を持つと、ピッチャーは気分が楽になり、窮地に対する気持ちが整理されて、心精神的にそのときの重圧から抜け出すことができる。それでピッチャーは気持ちを整理し直すことができ、より強い熱意を持って目の前の問題に立ち戻ることができるのだ。

ピーターソンは、『Crunch Time』（正念場という意味）という本の中で、オールスターに出場したリリーフピッチャーであるジェイソン・イズリングハウゼンについての非常に面白い話を述べている。彼はヤンキー・スタジアムでの試合で9回に本当に困った状況になり、マウンド上でほとんど狼狽しそうになった。ピーターソンはイジーに何が起きたのかを見に、急いでマウンドに行った。

「リック」とイジーは話し始め、「脚の感覚がないんだ」と言った。

ピーターソンは傾聴し、穏やかに微笑んで、「それは大丈夫だ。我々は君にフィールドゴールを蹴ってもらおうとは思っていないよ」と。

この面白いセリフはすぐにイジーのツボにはまった。イジーは大笑い……緊張はほぐれ、彼はその状況を組み立て直すことができた。一つのおかしい返事が運んできた解放感で、仕事に戻ることができたのだ。

私も偶然にもユーモアの力を強く支持している者だ。すべてのスポーツにおいて、強烈な集中力とプレッシャーがかかる瞬間が常にある。しかし、おかしな気の利いた言葉に反応できる、または起きていることについてユーモアの感覚を維持できるアスリートは、その瞬間のプレッシャーを非常にうまく扱えるということが、私にはわかっている。

私がマーシー大学で野球チームのヘッドコーチを、その後のクリーブランド・インディアンスで巡回コーチを務めていたとき、大変な試合の最中には、意識して笑顔で、もし可能ならおもしろいセリフで、会話をするように頑張っていた。結局、もしアスリートたちがあなたも彼らと同じように緊張して神経質になっていることに気づいたら、彼らの不安はただ強まるだけだ。

アスリートが緊張で張りつめているときに、最後まで見たり聞いたりしたくない光景は、コーチが彼らと同様に神経質となり、ダッグアウトを檻の中の動物のように歩き回っている姿である。それはアスリートの不安緊張を徐々に高めるだけだ。または、もっと悪いのは、コーチがアスリートたちを「元気だせ」とか「やるんだ」とか「戦い抜け」などと指図したり、怒鳴って命令したりすることだ。

一方で、もし、あなたが穏やかでリラックスしているように見えて、ユーモアの感覚を維持していたら、それはアスリートをリラックスさせ、切り替えさせるに決まっているのだ。そしてそれが理想的な状況なのである。

一生懸命にやり過ぎるとすると失敗する

集中力や身体活動は、常にリラックスしている範囲内にしておく必要がある。激し過ぎると、ただ効果がなくなるだけだ。

それは逆のことのように聞こえるかもしれないが、実際には試合でストレスがかかっている間、自分が想定した範囲内に、そして普通のリズムの範囲内にとどまっている必要がある。例えば、歯を食いしばっているとか、精神的に2倍努力するなどと追い込んでいるときが、皮肉にもまさに車輪が外れ始めているときなのだ。

自分を厳しく追い込むことは、自分の基本的な機能とリズムを混乱させてしまうだけだ。実際、ピッチャーはこの罪を犯すことがよくある。緊迫した状況では、彼らは気持ちを「盛り上げ」て、ピンチを脱するためにさらに激しく投げようとする。しかし、リック・ピーターソンが『Crunch Time』で指摘しているように、あまりにも激しくやろうとすると、投球機能に異常を来し、実際には悪い方向に向かっていくことになる。

要するに、落ち着いて、自分の快適である枠組の中にとどまるようにアドバイスしているのだ。さらに激しくやろうという誘惑に屈してはいけない。要するに、それではあなたが望む結果にはならないのだ。自分自身の限界の内にとどまることが絶対的に重要である。特に試合で重要な場面では、特に重要である。

自己催眠

私は現役プレーヤーのときに数年間、自己催眠についての情報を得ようとしていた。それは、もし常に高いレベルでプレーできるように、自分の心と体をどうにか鍛えることができたら、なんてすてきなんだろうかと思っていた、ということだ。

しかしこの素晴らしい概念を追い求め、はっきりさせようとする分だけ、私はどんどん欲求不満になっていった。私がいえるのは、「目覚めた」ときに自分の体と心を高いプレーレベルに持っていってくれる、自己催眠にうまく入る方法や、簡単に心理学的なトランス状態に入れる方法はなかった、ということだ。

重ねて、それは理論的には完全に素晴らしいものと思っていた。信じてほしい。私は勇気を持って試したのだ。だがしかし、どんなに必死に努力しても、これが試合で役に立ったようには、全く思えなかった。

私が読んだ催眠術の本や論文では、目標に達するにはまず、次のことをしなければならないと提案していた。

・静かで暗い部屋でリラックスしてください。

・目を閉じてください。

・深く穏やかに呼吸をしてください。あなたが勝ちたい試合の特別な局面にだけ集中してください。

・あなたがたどって行きたい適切な道筋を、無意識のうちに思い出すのに頼りになる、あなた個人の何か「きっかけ」となる点のようなものを作りなさい。

問題は、私がこのことについて勉強すればするほど、この自己催眠のプロセスはその取り組み方や進め方において、ビジュアライゼーションにかなり似ているということを徐々に認識したということだ。そして、それはOKなのだ。それは、私がビジュアライゼーションは役に立ち、アスリートが試合の仕方を改善するための精神的な取り組みに重要な影響を持ち得ると思っているからだ。

要点は、あなたが自己催眠で行こうが、ビジュアライゼーション技術で行こうが、結局は心と体のバランスをとるというのが、まとめとしての考えであるということだ。最も重要なことは、周囲の混乱や注意散漫、感情を切り抜けることによって、あなたの脳が体の随意筋に一貫したレベルでプレーするように、よりうまく指示できることである。

ビビる（緊張して自滅する）という神話

次のことを話させてほしい。プレーヤーまたはチームが勝敗を握る場面でビビっているというような、**ビビる**という用語を、私は本当に嫌いだ。

これは最も小ばかにするようで攻撃的な用語であるだけでなく、長年にわたって野球スタンドやテレビで試合を観ているファンによっても、普通に使われてきている言葉だ。記憶にとどめておいてほしいことは、プロのアスリートやコーチは滅多にこの言葉を使わないということ。というのは、その言葉はまるで、問題のアスリートがベストを尽くしていないかのような意味を含んでいるので、その人を一言で打ちのめしてしまうからだ。

しかし、ファンの見方からすると、そうは見えない。ファンが見ているのは、**どうすればあんな簡単なレイアップシュートを失敗することができるんだ、決めていたら試合**

に勝っていたのに！　とんでもないビビりの達人だ！

ビル・ブックナーはただ普通のゴロをさばけばよかっただけなんだ！　彼はワールドシリーズでビビったんだ！

あなたには私の言いたいことがわかるだろう。

さて、一方では、どんなレベルの選手にも試合の鍵となるような場面で、予期しないようなプレー、または華々しいプレーを期待する人はいない。それは理解できるだろう。しかし、トッププロまたは大学の選手が比較的簡単な、または普通のプレーをすると期待しているときに、どういうわけかヘマをしてしまう。ファンが、そのアスリートがビビりだ、と許さないで畳みかけるのは、そういうところだ。

もちろん、簡単なパットを外すとか、重要なフリースローをミスするとか、普通のエクストラポイント時にミスキックするというのを、望んでいるアスリートは決していない。みなさんはそれには賛同すると思う。しかし、それが**起きてしまう**のである。それにもまたみなさんは賛同してくれると思う。

ここで2つの疑問がある。

どうしてアスリートは、重要ではあるが簡単なプレーをしくじってしまうのか。

そして、思いがけずとんでもないしくじりをしてしまったとき、アスリートはどうすればいいのだろうか。

もちろん、試合終盤のすべてのミスを例外なく説明することはできない。しかし、私の理論は、トップアスリートが先走って次のプレーに注意を向けたり、考えたりすることはよくあることで、すぐ目の前のプレーに集中すべきなのに、ほとんど無意識のうちに、瞬間的に無視してしまうことが時々ある、というものである。

この簡単なレイアップシュートは楽にいただきだ……でも、それから急いでディフェンスに戻らないといけない、と思っていた。

そして彼はシュートを外した。

この簡単なパターを沈めてパーにして、次のホールでティーショットを目いっぱい打つのが楽しみだ、1位に返り咲いてやる。

しかしボールはカップの縁を転がり外れた！

次のイニングは俺の打席からだ。この普通のゴロをさばいている間、次の打席でピッチャーが何を投げてくるかについて考え始めていた。

しかし彼はしゃがまず、ボールは股の間を通り抜けた。

これらの度肝を抜くエラーを見ていたファンや評論家は、アスリートが注意を払っていなかっただけだとか、たぶん集中力が足りなかったんだろうなどと感じることが非常によくある。そう、それは部分的には真実かもしれないが、思い切ってトップアスリートの心理的な動き方について話してみたい。すなわち、目の前のプレーは普通のプレーだとわかると、彼らの脳と体はほんのちょっと緩む。そして、目の前のプレーは簡単だというのがわかると、彼らは自動的に次のプレーに集中し始める。

決定的なエラーが起きるのは、まさにこういうときなのだ。

では、このようなことが決して起きないようにするには、どうすればいいのか。単純にひとつひとつのプレーの難しさがどうであれ、試合中のすべてのひとつひとつのプレーに集中すること、と答えるのは簡単だ。すぐ目の前の課題を終わらせる前に、**先のことを考えるな。**

いい助言だ。でももちろん、激しい、拮抗した試合の間、ずっと集中力を維持するのは大変難しいことだ。ここに、このような瞬間を避けるのに役立つヒントがある。

強制的に自分をその瞬間にとどまらせるのだ。それは自分の精神をさまよわせないようにさせるということだ。**先のことを考えるな**。目の前のことに集中して、将来の行動は将来に任せろ。

ある意味、これによって自然に「考えると……下手になる」というような結論が導かれる。もし目の前の普通のプレーをもう済んだことと考え始めてしまったら、注意はすでに次のプレーに移っており、簡単なプレーでしくじってしまう確率は劇的に高くなる。もちろん、言うは易し行うは難しで、特に試合も終わりに近づき、群衆は騒々しく、頭がおかしくなってきている、そして同点、というようなときには……。

しかし、そのようなときにはいつも以上に、**直線的に**集中力を上げていく必要がある。ただ一度に1つのプレーをしろ。そう、あなたは素早くレイアップシュートをすることができるが、バスケットボールをバックボードに当てる間は、そのことだけに集中する必要があるのだ。そのことをやり遂げてボールがネットを揺らすのを見たら、**そのときになってようやく**次のプレー、例えば、ディフェンスに走って戻るべきだ。

このような緊迫した状況を練習し、ビジュアライゼーションできるだろうか、いや、すべきだ。ほとんどのアスリートは若いとき、試合の終了の瞬間にウィニングショットを決めるということを夢に描いたことだろう。ドリブルしながら、スポーツキャスターが叫ぶのを真似て、最後の数秒をカウントダウンする。

そう、年を経て今、同じことをするのだ。必ず練習で、レイアップシュート、フリースロー、遅いゴロを処理する堅実なプレー、フルカウントからのストライクを取る投球など、同じように最後の数秒のプレーを行うのである。

しかし違いは次の通りだ。このような試合終了数秒のプレーを行うときには、自分がしていることに細心の注意を払う。ただ素早くやって終わりでは、ただの真似にすぎない。ひとつひとつのプレーを感じ、理解し、そして目標を決めて達成することを意識して、計画的にひとつひとつプレーを行っていくのだ。

これはまるで「子供の遊び」のように聞こえるかもしれない。たぶんある程度はそうだろう。しかし、このような最後の数秒の普通だが重要なプレーは、練習すればするほど、実際の試合でそのような場面に直面したときに、すでによく準備しておいたと思えるだろう。このようなプレーをするときには、文字通り練習した、それも一生懸命練習したと思えることほど、安心することはないのだ。そうすれば、あなたは正念場で簡単なプレーを再びしくじるとかミスするということは、決してない。私の言うことを信じてほしい。

第11章

逆境の賜物:
メンタルタフネスとは?

THE GIFT OF ADVERSITY:
WHAT IS MENTAL TOUGHNESS?

メンタルタフネス

メンタルタフネスという言葉が広く、コーチやスカウトたちによって頻繁に使われているのを、みなさんはもちろんご存知だろう。「この子は本当の意味でのメンタルタフネスを見せてくれた」「彼のメンタルタフネスは、この若者を動かしているものそのものだ」といった具合に。

メンタルタフネスはスポーツの世界において、よく使われている用語の一つだ。しかし、正確には一体どんな意味を持っている用語なのだろうか。

私は、メンタルタフネスとは逆境に対処することだけではなく、挫折を乗り越えるための内的な原動力と決断力を持つことであり、アスリートの持つ固有の能力と考えている。あなたはそんなの当たり前だ、と思うかもしれない。しかし実際は、そのような先天的な傾向、もしくは闘志と呼ばれるものは、あなたが考えているほど一般的に備わっているものではない。

さらに言えば、「ほとんどのトップアスリートには、キャリアの中で逆境に対処してきた経験があると言っても過言ではない」とも私は思う。あなたはマイケル・ジョーダン（おそらく彼はその世代における最も偉大なバスケットボール選手）が、高校2年生のときにチームのスタメンを外されたエピソードはご存知だろうか。

どうしてマイケル・ジョーダンはノースカロライナで、高校チームのメンバーに入れなかったのだろうか。どうしてそんなことが起こるだろうか。コーチの意見によると、彼はトッププレーヤーではなかったのだ。しかし、ここにこそメンタルタフネスが効いてくるのである。彼はコーチを捕まえて文句を言う代わりに、翌シーズンのスタメン入りを果たすのに自分に必要なものは何なのかをコーチに尋ねた。

コーチはマイケルのためになるよう、彼に対して正直なフィードバックをした。マイケルはそれを注意深く聞いた。そして彼はメンバー入りできなかったことに落ち込んでいたのにもかかわらず、その逆境を利用し、もっと優れた選手になるために自分自身を鼓舞し、勇気づけたのだ。彼が高校3年生になるころには、ノースカロライナ大学、そしてNBAへとつながるトップへのキャリアを進んでいた。

興味深いことは、このジョーダンの話は特別なものではないということだ。NFLで殿堂入りをしているスティーブ・ヤングについて考えてみてほしい。コネティカット州グリニッジの高校での輝かしいキャリアの後、彼はブリガムヤング大学にクォーターバックとして選抜された。しかし、ヤングはそこで愕然とし、狼狽した。彼がユタ州プロボで初めて練習したとき、自分の名前がブリガムヤング大学の順位表で8番目に載っているのを見つけたのだ。それは彼が非常に低くランク付けされており、アウェイゲームには参戦できないどころか、ホームゲームでユニフォームを着ることさえできないことを意味していた。

ヤングは落ち込み、焦り、コネティカット州の実家に電話をした。そして、彼は辞めて家に戻りたいと父親に告げた。ヤングの父親は静かに彼の話を聞き、最後にこう言ったのだ。

「スティーブ、お前が辞めたいと言うのなら、確かに辞めることはできるさ……でもお前は家に帰ることはできない。とにかくそんなこと、俺は許したくないんだ」

その言葉でヤングは目覚めた。逆境が強い気持ちを呼び起こしたのだ。彼はパスの技術を向上させるために、家に帰ることよりも、残りのフットボール・シーズンと冬の準備期間すべてを、ブリガムヤング大学フットボールクラブの施設で1万回スローイング練習することに捧げることを決意したのだ。最終的にはコーチングスタッフが気づくほど、彼は来る日も来る日も一生懸命に練習した。そして、彼らは自分たちがヤングのクォーターバックとしての才能を見誤っていたことに、突然気づいたのだった。案の定、スティーブは大学4年生のときにハイズマン賞の2位を獲得し、全米のベストクォーターバックとして有名になった。サンフランシスコ・フォーティナイナーズでスター選手としての階段を駆け上がる前の話だ。

繰り返しになるが、ヤングがスターダムへと駆け上がる階段は、逆境に向き合うことから始まった。私は、キャリアの中で逆境に直面したこういったアスリートたちは、メンタルタフネスの本当の強さが築かれていると思う。彼らは精神的ダメージから回復する方法を知っているということになる。

小柄なアメフト選手

2016年秋、デレク・ジーターが作った、トップアスリートによるオンラインプラットフォームのプレーヤーズ・トリビューンに、ダニー・ウッドヘッドが書いたコンテンツが特集された。その当時、彼はサンディエゴ・チャージャーズ（現ロサンゼルス・チャージャーズ）でプレーしていた。現在は、ボルティモア・レイブンズのメンバーとして活躍している（訳注：2018年にプロ引退）。あなたは、ダニーがニューヨーク・ジェッツとニューイングランド・ペイトリオッツでもプレーしていたことを覚えているかもしれない。そのランニングバックは、18歳の自分に向けて、そこからフットボールキャリアで直面する逆境のすべてについて手紙を書いた。このようなことは初めての試みで、興味深い視点だ。現在、ダニーは30代前半。そして彼の回想はとても心を打つ、力強いものであった。

ダニーはこのとき、すでにＮＦＬで10年近くプレーしてきているということを頭にとどめておいてほしい。したがって表面上は、この回想は彼の偉大な成功話の一つといえるだろう。しかし、彼が18歳で数々の有名フットボール選手が育った街であるネブラスカにいたとき、高校３年生にもかかわらず、たった１７０センチ、80キロしかなかったのだ。しかし、彼は本当に素晴らしいスピードと凄まじい決意を持っていた。

そして実際、彼はその高校で恐ろしいフットボール選手へと成長した。彼はネブラスカ州の記録をものすごい勢いで破っていったが、それ以上に比較的小さな選手であるということがとても印象的であった。

そしてダニー・ウッドヘッドは、ネブラスカ大学から連絡がくるのを待っていた。最終的に彼らから連絡はあったものの、彼らはＤ－１（大学の１部リーグ）レベルでプレーするには根本的に体が小さすぎると伝えたのだ。スカラーシップの申し出はなかった。しかし、ネブラスカ大学側は、彼はキックリターナーとしてならばやっていける可能性があると言った。しかしそれだけだった。何の保証もなかった。

それがダニーにとって、フットボールで逆境に直面した最初の出来事だった。他のD-1から申し出がなかったため、ダニーはシャドロン州にあるD-2に属する学生3000人規模の小さな大学へ進んだ。彼は入学後、ランニングバックとして輝かしい結果を残し、これまでのNCAA記録を次々と破った。しかし、彼の優れた大学での活躍にもかかわらず、NFLスカウトには見向きもされなかった。彼をスカウトコンバイン（ドラフト候補生を一同に集めて能力を測定する会）に招待するチームは、1つもなかったのだ。

驚くこともないが、ダニーはドラフトにかからなかった。しかし、ニューヨーク・ジェッツはドラフト後、彼に電話をかけ、フリーエージェントとして契約しないかと持ちかけたのだ。ところが、彼はジェッツのキャンプに参加した際に、前十字靭帯を断裂してしまい、1シーズン目は終わってしまった。

そして彼は2年目までの間に膝の負傷から完全に回復し、トレーニングキャンプで良いパフォーマンスを示してジェッツの最終登録選手に名を連ねた。しかしシーズンが始まると、チームは彼を放出することを決断した。

大体どういうことかわかっていただけただろう。ネブラスカ大学のスカラーシップが取れなかった、小さすぎて。ドラフトにかからなかった。負傷し、復帰して最終登録選手には残ったが、最後にはチームから放出された。はっきり言えば、逆境にさらなる逆境が上乗せされているのだ。

それでも、逆境物語によくあるように、この話にもハッピーエンドが待っていた。ジェッツに契約を切られてダニーと彼の妻がオマハに戻ったとき、ニューイングランド・ペイトリオッツから彼に電話があった。彼は大喜びし、チームと契約を交わし、最終的にはペイトリオッツが作った飛びぬけた成功のレガシーの主要な立役者となったのだ。

逆境を乗り越える能力の重要性

この珍しい才能について大局的にみてみよう。セオ・エプスタインは、ボストン・レッドソックスをワールドチャンピオンにしただけではなく、シカゴ・カブスでも同様のことを成し遂げた野球界の天才的なフロントである。ビル・ペニントンによって書かれたエプスタインの特集記事の中で、スカウトに選手の将来性を尋ねるときに、最も重要視していることは何なのかと、エプスタインは質問された。

「一言で?　逆境だよ」

エプスタインのような、野球界に統計学を取り入れ、チームをチャンピオンに導いたような人が、若い選手の鍵となる要素はどのように逆境を乗り越えるのかということだと答えたのだ。

「私たちはドラフトルームでの話し合いではいつも、選手としてというより、どういう人物なのかということに半分以上の時間を費やしているのです。彼らのバックグラウンド、メンタリティ、習慣、そして何が彼らを突き動かすのかについて」

「そして私たちは、これらの若い選手がフィールドでどういった逆境に直面し、それに対応したのかという詳細な例を3つ持ってくるようにスカウトたちに頼むのです。それからフィールド外での逆境に対しても、どう対処したかについての例を3つ挙げさせます。なぜなら、野球は失敗から成り立っているからです。古い言い回しに、最も ヒットを打つ者でさえ、10回中7回はアウトになるのだ、というものがあります」（2016年10月2日付、ニューヨーク・タイムズ）

言い換えれば、一流の野球知識人であるエプスタインにとって、「逆境」すなわち、将来有望視されている選手が思い通りにいかない場面でどのように対応するのかということが、ドラフトでその選手に力をいれるべきかどうか決定する、非常に重要な要素となっているのは明らかだ。それについて考えてみてほしい。

柔よく剛を制す

ロン・ウォルフォースは、有名なテキサス・ベースボール・ランチの創設者で、多くのスターのピッチングコンサルタントをしていた。彼は、トッププロアスリートは他のプロ選手と比較し、1〜5%、レジリエンス（立ち直る強さ）が優れていると言っている。これらエリートのプロアスリートは、競争相手と比較して、逆境からより早く回復する能力を有していると言うのだ。言い換えれば、すべてのアスリートは、身体的に恵まれた才能を持っているのに加えて、逆境に直面してそこから回復した経験を持っているのだが、本当のエリートアスリートたちはもっと早く、そしてもっと効果的に回復する能力を持っているように見えるのである。

『Collegiate Baseball』２０１６年４月22日号の中で、ウォルフォースは次のように説明している。

「この2つの質の違いについて説明するには、硬さと強靱さの違いについて詳細に述べるのが最も良い方法です。多くの人は硬いことが良いことだと考えます。岩石は硬いです。しかしそれを十分な回数、もしくはハンマーを使って十分な力で打つと、最終的に壊れ始めます」

「一方で、皮革は強靭だと言えます。それを好きなだけハンマーで打っても、それは壊れないだけではなく、十分に打ったという感触すら持てないことが多いです。優れたアスリートは、この皮革のようなクオリティーを高いレベルで示しているのです」

ウォルフォースは、もし競技アスリートの階段を昇り続けたいと思うならば、落胆したり、取り乱したりした後、失敗に対処しなければならないときに、「ディープフォーカス（しっかりと全体を見渡すこと）にすぐに戻る能力を鍛える」必要があると信じている。あなたは、自分は皮革のように強靭であるという核となる信念を、決して揺るぐことなく持つ必要がある。

私は、この皮革と岩石の比喩は、アスリートの成長を最も正確に表していると思う。もしあなたが試合でプレーするときや気難しいコーチに対処するとき、逆境を乗り越えなければならないとき、皮革のようなやり方をしようと思い描き始められたならば、アスリートとしてのキャリアは良い方向に進んでいく。そればかりか、あなたは心の持ち方や自分自身を、何度繰り返し叩かれても決して擦り切れたり裂けたりしないことの象徴である1枚のたくましい皮革、としてみなしたいとさえ思うかもしれない。

個人的な感覚として、ウォルフォースは正しいと思っている。現代の本当に卓越したアスリートたちがこういった内面を持つことによって、特別な才能が素晴らしい結果をつかむことを可能にしている。トム・ブレイディ、クレイトン・カーショー、レブロン・ジェームズ、ケビン・デュラント、セリーナ・ウィリアムズらを含む、一流レベルのアスリートの名前が、私の頭に浮かんでくる。もちろん、彼らは全員卓越した身体能力を持っている。しかしそれは、他のトッププロアスリートたちも同様だ。こうした卓越した結果を残す選手たちは、困難から素早く起き上がり回復することができる能力を持ち、パフォーマンスを一定に保つように自分自身を押し進めることができる点で、他の選手たちと異なっているのだ。

自分を駆り立てる内なる力

古くからの本格的なバスケットボールファンなら、ボブ・ペティットのＮＢＡでのキャリアを覚えているかもしれない。殿堂入りを果たした、２０４センチのフォワードのペティットは、ルイジアナ州立大学で活躍した後、セントルイス・ホークスでプレーし、そこで2度のＮＢＡのＭＶＰに輝いた。ルイジアナでの高校時代に、一度のみならず、二度もチームを外されたことは、彼にとってそんなに悪い経験ではなかった。

ペティットは、50年以上前に書かれた彼の自伝『The Drive Within Me』（自分の中にある、駆り立てるもの）の中で、試合中にもっといいプレーをしようと自分自身を押し上げるものについて書いている。短く言うと、彼は自分自身を試合中に一生懸命になるように駆り立てる「自分の中にある内なる駆動力」について言及し続けている。それが高校時代にメンバーを外された心の傷に苦しんだ経験からくるのか、それとも他の理由からなのかはわからないが、とにかく、彼は誰かに仕向けられて仕事をしていたわけではないトップアスリートの一人だったということは事実だ。彼が殿堂入りを果たしたことは、彼の成功を証明している。では、何が彼を動機づけし続けたのだろうか。

繰り返しになるが、私は（私はこれを証明することはできないが）高いレベルの成功を収めているアスリートは、自分を競争相手や同僚よりももっと頑張るように突き動かす、ほとんど遺伝的性質とでもいえるある種の才能に恵まれていると信じている。たとえ人間のDNAゲノムが研究され、解読され、大量に詳細に研究されても、この形質をピンポイントに示す遺伝的要素が見つかることはないだろう。

そうは言っても、並外れた才能あるアスリートが、競争するための「スーパー」遺伝子を持っているように見える例も多くある。ペティットは、これを早い時期に示した人だ。彼らは並外れた優秀な身体的な才能だけでなく、競争しようとか成功しようとすることに内面的に桁違いに駆り立てる才能がある、もしくは増強されている、身体的な才能に恵まれたアスリートなのだ。

だからといって、この鍵となる形質は教わることはできない。それは生まれ持った内的な要素であり、青い目や大きな足となる独特な遺伝形質を持っていることと同じようなものなのだ。それにもかかわらず、これらの優れたアスリートたちは、試合で良いパフォーマンスをするだけではなく、練習でも同様に、非常に一生懸命にプレーするのだ。彼らはとにかく、いつも駆り立てられているように見える。

これらの優れた戦うアスリートの私が気づいた一面は、彼らは皆、非常に几帳面にトレーニングや試合の準備を行い、しかも細部にまでこだわる傾向があるとともに、向かってくる相手に対してものすごい集中力を発揮するということだ。そこには気の緩み、気楽にやろう、もしくは今まで素晴らしい成績を収めてきたのだから、今は一息をつくことができるのだ、といった感覚は全くない。しかし、それは彼らが興奮しているからではない。実際には全く逆だ。それはまさに、常に次の試合や次の相手に対しての心構えができているかのようである。

彼らは、次の戦いで高いレベルのパフォーマンスをするためにある程度のプレッシャーに晒されているという、個人としての本物の責任感を持っているように見える。この予想されるプレッシャーは、確かにアスリートの内面からやってくるものだ。確かに、チームメイトやコーチの期待からくるある程度のプレッシャーもあるだろう、しかし究極的には、本当のプレッシャーは、良いプレーをしようという本人の内面からくるものなのだ。

これも単なる私の個人的な理論だ。私の考えを証明するエビデンスは持ち合わせていない。しかし、あなたがもし人生で勝利を手にしている、しかも頻繁に勝利しているという本当に優れたアスリートを目撃したとしたら、彼らは成功に向かうための生まれながらの優れた原動力を持っていることが必ずわかるだろう。

あなたが本当に優れた運動神経とピカイチの心理的な駆動力を併せ持っていたとしたら、対戦相手にとって本当に恐るべきアスリートとなることだろう。繰り返しになるが、何年間にもわたる何百万人のアスリートの中で、本当に少しのアスリートだけがこのような才能に恵まれてきた。最初の投票で殿堂入りを果たす人たちだ（メジャーリーグでは全米野球記者協会の適性審査委員会で殿堂入り候補者として認められると、殿堂入りの可否投票が行われる）。

前述のように、こういった類の人、すなわち格別な身体的スキルと非常に鋭い戦いの感覚を持っている人を探すのは難しい。残りの私たちにとっては、こういったレアなアスリートに対戦相手として、あるいはチームメイトとして出会った際に出すことのできる最も良い結論は、せいぜい彼らがどれくらい一生懸命プレーしているのか、練習をどれほどひたむきにやっているかがわかった、ということぐらいだろう。

あなたがこのような人たちがいかに優れているかと正しく認識し始めると、それに反応してあなた自身のプレーも向上し始める。もしあなたがスーパースターと真剣に競い合いたいと望むならば、あなたは試合にさらにいっそう集中しなければならない。そしてそれは良いことだ。ただ一生懸命なスターアスリートの傍にいるだけのように見えるが、あなたはその過程で自分自身のプレーを良くしていることになるのだ。

それはもちろん、良いことだ。スーパースターアスリートの内なる成功への意欲は、人から人へと移り、チームメイトにも伝染するのだ。

アクト・アズ・イフ

あなたが試合でのプレーをより高いレベルへとステップアップさせるための、もう一つのやり方を紹介したい。キャシー・ディレイニー＝スミスは、アイビーリーグで男女を通じて最多勝のバスケットボールコーチであり、ハーバード大学女子チームのヘッドコーチを35年間以上にわたり務めている人物である。在籍期間中、彼女は数え切れないほど多くのアイビーリーグチャンピオンシップで勝利を収めてきた。そしてプロの世界へと多くの選手を送り出した。

彼女の最も有名なコーチとしての功績の一つが、１９９８年にハーバード大学を率いていたときにスタンフォード大学に対して起こした、驚くほどの番狂わせだ。ベスト16のシード校が第1シード校を71対67で負かしたのだ。それはＮＣＡＡ史上初めてのことだった。しかもハーバード大学は、この番狂わせをスタンフォード大学のホームの体育館で起こしたのだ。

ディレイニー＝スミスコーチの信条の主なものの一つは、選手たちに「まるで○○のようにプレーするように」（アクト・アズ・イフ）と説くことだ。この意味は、自分は試合で自分のプレーをもっと高いレベルに引き上げることが実際にできる、もっと激しくプレーできる、もっとうまくシュートを打てる、もっとうまくディフェンスができるなど、自分自身を納得させる能力を持つ必要があるということだ。スポーツメンタルトレーニングの力を強く信じるディレイニー＝スミスコーチは、80％はメンタルが試合のパフォーマンスを決めると確信している。メリッサ・ジョンソン（前ハーバード大の選手）は「体はメンタルが導くところへついていくのだ」とコメントしている。

事実、これ以上にスポーツメンタルトレーニングをわかりやすく説明する言葉はないだろう。考えてみてほしい。**あなたの体はメンタルが導くところへついていく**、ということについて。

そろそろ、聞き馴染みのある言葉になってきたはずの、ビジュアライゼーション・テクニックとマッスルメモリーの話に戻そう。これらは、正しい方向に考えて、邪魔になる感情やネガティブな考え、そして自信の喪失、これらを排除するためのメンタルトレーニングの本質になる。

もちろん、手強い相手と対戦することは難しいことだ。ええ、あなたはそのことを知っている。しかし準備（あなたのコントロールできることであり、すべきこと）段階において、あなたの身体的スキルを相手の高いレベルにまでもっていくよう計画を立てることができる。そして、それは感情面とメンタル面での取り組みを皮切りにすべて始まるのだ。

本当の悲しみに対処しなければならないアスリートについて

大学やプロの試合にチャンネルを合わせたとき、テレビのコメンテーターが「チームの一員のスターが、フィールド外で大きな喪失体験をしてきている。彼らは、そのとても大きな感情的苦悩を経験しているときに、プレーすることは一体全体可能なのだろうか?」などと話している場面を今までに何回聞いたことがあるだろうか。

これは明らかに注目に値することであり、そして試合を実況するときの重要なストーリー展開だ。

しかし、ほとんどのプロコーチは、愛する者を突然失い私たちと同様に悲しみ嘆いていたとしても、高度に熟練したアスリートは、スタジアムやアリーナのことを少なくとも数時間「現実世界」から引き離してくれる場所と思っていることをわかっている。そのことはあまり議論されてこなかったことだ。しかしスポーツの歴史は、そういったストーリーで満ちている。

『This Is Your Brain on Sports』の中で、著者のL・ジョン・ワートハイムとサム・ソマーズは、いくつものこの出来事のような例を挙げている。NFL殿堂入りしているブレット・ファーヴは、崇拝し、仲の良かった父の突然の訃報を聞いた。しかし、そのことで彼は大きな試合でプレーするのに出ていくのを止めなかった。同様に、ニューヨーク・レンジャースのマーティン・セントルイスは、2014年のプレーオフの期間に、母親が心臓発作で急死したことを聞かされた。しかし、彼はその翌日と引き続くスタンリーカップでプレーした。

このように悲嘆に暮れたアスリートは、延々とリストアップすることができる。彼らは失った家族の名誉のために、家を出て、大きな試合でプレーすることをやむを得ないことと思っている、と説明可能なことも非常に多い。その可能性はもちろんある。しかし、私の理論では、個人的な喪失体験から数時間、競技場で戦うというのは、彼らなりの悲しみへの対処法なのだ。まさに、アリーナやスタジアムは彼らの個人的な聖域としての機能があるのだ。

ホセ・フェルナンデスがボートの衝突事故で亡くなるという悲劇があった２０１６年9月、スポーツファンは珍しい気配をメジャーリーガーたちの感情の中に見た。

思い出す人もいるだろう、その事故は土曜日の夜にマイアミで起こった。翌日の日曜日、マーリンズは試合をキャンセルした。

しかし、その翌日の月曜日、マーリンズはポストシーズン・プレーオフの候補を追いかけるニューヨーク・メッツとの試合を行った。その試合は行われなければならなかったのだ。

荘厳な試合前のセレモニーでトランペット奏者が「Take me Out to the Ballgame」を完璧に演奏しているときには、両チームは三塁線と一塁線に一直線に並んでいた。演奏が終わると、静かなボールパークではとても珍しい光景が目撃された。両チームのメンバー同士が、内野の芝生でいっしょに集い、お互いに支え合ってハグをし、彼らの顔には涙が流れていたのだ。

私はこれをテレビで観ていたときのことを思い出す。選手たちが声にならない、24歳のフェルナンデスの死の悲しみを共有していた。彼は陽気で社交的な性格で知られていた。そしてこれらのアスリートたちは、恥じらいやためらいなく、人間としての一面を見せたのだった。

選手たちが最後にそれぞれのダッグアウトに戻り、テレビのコメンテーターたちに映像が戻ったときに、この選手たちの動きの本質をつかんでいたのは、高く評価されているロン・ダーリング（前メッツのスターピッチャーで、現チームのアナウンサー）であった。少し言い換えているが、基本的にはロンはアスリートたちのことを次のように話していた。

すなわち、彼らは野球場に行くとき安心感を得たり、楽しい気持ちになっている。彼らはクラブハウスに入り、そしてダッグアウトに入っていくとき、金銭的な問題、結婚生活の問題、子供の問題などは外に置いていく。端的に言えば、彼らの個人的な世界でどんな問題が起こっていても、野球場では太陽がいつも輝いているのである。

私はこのことについて少し述べたいと思う。なぜなら、多くのメジャーリーガーが悲しみのあまり全員泣いているという光景は、滅多に見ないことだからだ。スポーツファンが、トップアスリートの泣いている場面を見ることはほとんどないだろう。たとえ彼らが負傷して痛みを感じているときであっても。実際、競技スポーツで感情を抑圧することは、ここ数年必須のこととみなされてきている。感情は能力発揮の邪魔にしかならないからだ。

しかし、ホセ・フェルナンデスの死では、現実の世界がスポーツの世界に割り込んできたのだ。

第12章

親と子のスポーツメンタルトレーニング

HOW SPORTS PARENTS CAN INTRODUCE THEIR KIDS TO SPORTS PSYCHOLOGY

子供へのメンタルトレーニング

今日では、スポーツに携わるすべての親たちが、自分の息子や娘に可能な限りのアドバンテージを与え、競技において優位に立てるようにしようと試みている。ますます母親や父親たちは、まだ子供たちが12歳やそれよりも小さいにもかかわらず、子供たちを手助けしようとスポーツメンタルトレーニングに目を向けている。

これは概して素晴らしいことといえるだろう。子供たちに若いうちから競技スポーツのメンタル面に触れさせることは、理にかなっている。もちろん、いくつかの注意点がある。第一に、若いアスリートに対して、あまり多くの約束はしないほうがよいということだ。例えば、彼らにビジュアライゼーションを学ぶことが、実際の身体的トレーニング、さらに練習することの代替になると思わせてはいけない。加えて、白熱した試合中にどのようにプレーを修正するかについて、彼らに投げかけ過ぎてはいけない。そして、スポーツの試合中うまくいかないときにどんなふうに感じるか、彼らに体験させせよう。思い出してほしい。逆境は究極のモチベーションを上げるものになる可能性があるのだ。私自身のスポーツ心理カウンセリングの経験から、私は大学生やプロのトップアスリートたちと働くほうが好きだ。なぜなら、中学生、または高校生であっても、若いアスリートが心理的障壁にぶつかっているとき、大半の場合、問題の根源がアスリートのパフォーマンスにあるというよりはむしろ、親との関係についての問題が背景にあることに気づいたからである。

もちろん、これはいつもそうとは限らない。しかし、多くの場合に子供の成長を妨げている本質的な問題は、実際の競技スキルよりも両親との関係性に由来するものであり、精神力動的アプローチのほうが介入すべきことが多いと思う。その観点から、若いアスリートとその家族は、スポーツメンタルトレーニングコーチよりも家族セラピストとのカウンセリングのほうが、得るものが多いかもしれないと私は感じている。

そうは言っても、私はきちんとしたスポーツメンタルトレーニングを導入することは、ポジティブな効果があると信じている。問題は何を中心に扱うか、そしていつ彼らに導入すべきなのか、ということである。

サンドイッチ式の褒め方

私は、あなた自身がスポーツへの取り組み方を模索していた若かったときのことを、もう一度思い出すことから始めるのをお勧めする。子供たちがスポーツで直面しているプレッシャーをもっと理解するために、あなたが成長期にどのように感じていたのかを思い出してみてほしい。

例えば、勝つことと負けることが、基本的にどのようなものであったかについて考えてみるところから始めてみよう。大人は、勝つことも負けることも当然のものとして受け取る。時にはあなたが勝ち、時にはあなたが負けるのだ。しかし、子供たちはそのようなとらえ方はしない。特にとても若いときには、すべての試合に勝つものだと思っている。そして試合に勝てないとき、敗北は彼らの精神に予想していなかった強烈な打撃を与えるのだ。

試合に負けたことにひどく落胆し、すぐに涙を溢れさせている若い選手を見たことがあると思う。彼らを育てている親として、たとえ慰めるとしても、彼らが落ち着いた時点では、スポーツをしていく限り勝利と敗北には直面しなければならないということを説明しなければならないと、気づき始めるのだ。こういった会話は、子供が4歳か5歳になったときに行われると思う（ほとんどの場合は、数回繰り返す必要がある）。

勝利することは素晴らしい感覚である一方で、スポーツにおける成長過程では、実際には敗北から学ぶことのほうが多いのだ。なぜだろうか。勝利することは素晴らしいことだが、勝利は試合中に本来すべきだったことや改善しなければいけなかった部分を隠してしまうことがよくあるからだ。

試合に負けたとき、彼らのそのような一連の技術的問題が露呈し始める。それこそが、両親が子供たちに説明する絶好の機会なのである。もっとうまくなりたいのであれば、試合中にするべきだった内容について、集中して学ぶ必要があるということを。

しかしながら、こういった「私がＰＧＡ（postgame analysis）と呼んでいる試合後の分析」を、決して試合後の子供に直接行ったり、帰宅途中のＳＵＶの車内で行ったりしてはいけない。むしろ、子供たちに敗北の苦しみや痛みに対処する時間を与えよう。それこそが重要なのである。加えて、もしあなたが帰宅途中にＰＧＡを子供たちに行った場合、子供たちはあなたを無視するようになるだけでなく、試合での犯した間違いについて指導したことを許さないだろう。

かわりに、もう少し時間の経った夕方、落ち着いてきた時間帯、もしくは翌日まで待ったほうがよいだろう。彼らの準備ができるまでは、試合に対するあなたの振り返り、アセスメントは無意味だ。そしてもう1つ提案する。彼らの試合について話すときは、「サンドイッチ式の褒め方（褒めて、修正点を指摘して、また褒める。サンドイッチ話法ともいう）」を使おう。

サンドイッチ式の褒め方は、彼らのもろさといまだに成長中のエゴを優しく扱うため、ちょっとしたことであるのだが、彼らに対して、建設的な批判を与える場合に、理にかなった方法である。

例を挙げさせてほしい。ここでは、お父さんがバスケットボールをしている9歳の息子と話している。彼は試合中にたくさんボールを扱うが、チームメイトへパスする方法を学んでいないため、「ボール・ホグ」（ボールを独り占めする人）になってしまう危険性がある。

「ジョー、今日お前の試合を見ていて思ったことを伝えたいんだ。お前のボールを扱う技術はすごくすごく、本当に良くなっているよ」（これがサンドイッチ式の褒め方の最初の一切れ。少し、実際に称賛することで、彼は耳をこちらにかたむけ、話を聞こうとする）。

「そして、お前はコート内をよく見ているな、とも思ったよ。もしイージーショットのチャンスがあるチームメイトにパスをすることができれば、お前の攻撃力は本当にすごいものになるね」（これがこの少年に対する建設的な批判となる、もっとボールをパスすることを学ぶようにと）。

「というのは、もしお前がボールを扱う技術と空いている選手へのパスを覚えれば、うん、そうだな、ダイナミックなポイントガードを探しているバスケットコーチならみんなお前のことをすごいなと思うだろう」

このサンドイッチ式の褒め方は全部で1分もかからない。でも穏やかに、誠意を込めて行えば、若い選手たちはアドバイスを受け入れ、次の練習で自分のプレーに取り入れようと努力し始めるのである。

そう、この方法は効果的なのだ。

とにかく重要な点は、若いアスリートに対して、客観的に自分のパフォーマンスを解剖する方法を身につけさせてほしい、ということだ。試合後、うまくやれたことを振り返るよりも、もっと改善する必要がある点について学ぶことのほうがより重要なのである。それこそがまさにあなたが若い選手に授けることができる教訓なのだ。なぜなら、長い目で見れば注意深い自己分析によって自分を向上させる方法を身につけることが、より良いアスリートになるための道だからである。

実験を通しての改善の方法

組織化されたユーススポーツは至るところで普及しているが、ユースのコーチたちは勝利することに注意を向け過ぎていると思うことがよくある。それは、最近の懸念事項である。なぜなら、試合中に実験する自由が一切与えられないことは、子供たちにとってつらいことだからだ。

「実験すること」がどういう意味かというと、例えば、右バッターの子供がたまたま左バッターとしてヒットを打つこと、もしくはバスケットボールをしている子供がシュートの仕方を変えて、新しいスタイルに見える完全に異なった方法を試しうまくいくことなどを指す。

問題は、ユースのコーチが勝利に執着するあまり、若いアスリートがすでにうまくいっているスキルから外れたことをするのを叱ることがよくあるということだ。とても多くのコーチが日常的に、子供たちが新しいやり方を実験しようとしているのをやめさせてしまっている。

そして悲しいことに、それは良い結果を生まない。

本当は、子供たちが実験する自由を持ち、さまざまなアプローチやスタイルを試す必要が絶対にあるということである。そういった自由を取り除いてしまうと、子供たちの成長は早い時期に止まってしまう危険性があり、試合で生き生きとプレーしなくなってしまう可能性さえもあるのだ。

あなたがメジャーリーグで目にする、普通とは違ったバッティングスタンスやピッチングスタイルをすべて考えてみてほしい。そこには文字通り、何十通りもの異なったバッティングでの構え方がある。誰一人、科学的に、他の方法よりもそのバッティングでの構え方が優れていると証明することはできない。そして、ピッチャーに関しても、振りかぶらずに投げるピッチャーもいれば、両手を大きく振りかぶってから投げるピッチャーもいる。厳密なオーバースローで投げるピッチャーもいれば、サイドスローで投げるピッチャーもいる。

私の言いたいことは、これらメジャーリーグのバッターやピッチャーは皆、最終的に独特なやり方やスタイルを発見し、それが彼らの望んでいた結果につながっているということだ。そしてそういった道を発見するためには、彼らはそこに至るまでに、ユースや高校のコーチが教えてきたこととは全く違うように見えることを実験し、試す機会がなければならなかったのだ。それは勇気がいることである。なぜなら、ある時点でユースのコーチが、彼らが異なる打ち方や投げ方をしているのを見て、すぐさま「違うよ、そんなふうにやるんじゃないよ、こうするんだ、これが正しいやり方だ」と手厳しく非難する可能性が高いからだ。

あなたはもうわかっただろう。

結論は次のようになる。あなたの子供がスポーツを学び習得するとき、もし彼らが取り組み方を変える、もしくはスタイルを微調整したいと思っていると偶然にでも気づいたら、それをやめさせてはいけない。ぜひとも、彼らに何がうまくいって、何がうまくいかないのかということを模索する自由と場所を与えてほしい。もし彼らがスイッチヒッターになりたいと思っていたら、励まそう。もし彼らが違うやり方でフリースローを投げてみたいと考えていたら、そうさせてみよう。もし彼らがサッカーでトリックシュートを打とうとしているなら、それもよいだろう。

そして覚えておいてほしい。今日では、こういった実験を最初に、即座に、反射的にやめさせようとするユースのコーチがたくさんいるということを。まるで小学校5年生のサッカー大会、もしくは小さな野球リーグで勝利することが、とても重大なことでもあるかのように。実際、そんなことはないのだ。

さらに、心にとどめておいてほしいことがある。子供たちにスポーツで実験させたり、自由に遊ばせたりすることには、その過程に4つ目の重要な要素があるのだ。それは楽しむ感覚、人生に楽しみを持つ感覚である。常套句に聞こえるかもしれないが、楽しむ感覚をなくしたスポーツは間違いなく退屈なものとなり、バーンアウトにつながるものなのだ。

子供たちのビジュアライゼーション

私は、12歳以下の若いアスリートに、ビジュアライゼーションの考え方を紹介することが役に立つとは決して考えていない。さまざまなスポーツをプレーすることで、過去の失敗や間違えを活用して、失敗や間違えを修正する方法を心と体で学んで身につけていく。しかし、多くの若いアスリートでは、そのような必須の体験が不足しているのだ。

12歳以下の才能あるアスリートの多くは、ただ単に身体的スキルに頼り、競い、勝利する。そこには、より良くなるためにたくさん努力するとか、たくさん考えるということはない。おそらく、もっと練習する、それだけだ。私は彼らに、彼らの動きを撮影したビデオテープを見ることの価値を学んでほしいのである。それは、若いアスリートにとって、素晴らしい教材かつ彼らにとって楽しいものとなるからだ。そしてもちろん、彼らが年齢を重ねても、自分自身のビデオを見て分析することが、自然に彼らの成長に不可欠なものとなるのだ。

そして、彼らは試合でどのように改善されるのかを一度自分で見ることで、ビジュアライゼーションが精神的なリハーサルを通して間違っていたことを修正するのに役立つ方法であることを理解することになる。

ところで、若いアスリートが自分のパフォーマンスをビデオで見始めたときには、彼らに最初はただ単に数回ビデオを見て楽しむようにアドバイスすることが、その体験を最大限生かす方法を学ばせるのに役立つことになる。彼らをビデオの楽しさに浸らよう。彼らに自分の何が正しくて、何が間違っていたのかということを再考させるようなことはせずに、楽しむ経験を数回与えるのだ。

しかし、興奮が少し収まった後、やや真剣な雰囲気で彼らの隣に座り、鍵となるプレーをいっしょに見る。そして静かに穏やかな口調で、これらの重要なプレーの中の好プレーから何が学べるのだろうか、ということについて尋ねてみる。そしてもっと重要なことは、ビデオでお粗末なプレーやミスが明らかになったとき、そこから何が学び取ることができるか、そして改善する方法を学べるのかについて尋ねるのである。あなたの尋ね方がとげとげしくなり過ぎないように注意すること。もう一度言う。子供にとってこのことが楽しくなるようにすること。決して痛みを伴うレッスンとならないようにしてほしい。

バーンアウトの予防

あなたの子供が、取り組んでいるスポーツに対してうんざりしたり、退屈したりすることを避ける最も良い方法は、試合や練習から数週間離れることを**絶対に**「組み入れておく」ことだ。彼彼らがシーズン中に1週間ほどスポーツから離れるオフ（休暇）を何回か取ることができると、彼らのほとんどがもう一度戦いに戻りたいと思うようになる。

一方で、もし休暇を取らない場合、彼らはプレーを仕事としてみなしてしまい、興味や意欲を失ってしまうことが多い。もしそういった変化が起きたら、あなたの子供にはバーンアウトの危険性がでてきたことになる。

ほとんどの子供は、11歳から13歳までの間にバーンアウトする傾向にある。多くの子供がそのようになってしまう理由は、たった1つのスポーツに数年間特化してしまうと、彼らの関心と焦点がほとんどシーズンのことだけとなり、そのスポーツに対して最初に持っていた情熱を徐々にすり減らしてしまうからだ。

このようなことが生じるのを防ぐために、先回りしたアプローチを取り入れよう。すでに述べたとおり、それぞれのシーズンが終わったら、少なくとも1週間、すべての試合と練習から離れる休暇を取る。ノーとは言わないでほしい。できたら、1週間の家族旅行を計画し、子供たちが取り組んでいるスポーツと全く関係ない、他の楽しい活動を経験させよう。

他の確実なアプローチは、特に1つのスポーツに特化している子供たちに役立つのだが、他のスポーツをさせてみることだ。メインでプレーしているスポーツと同じように、本気で取り組む必要はない。しかし、もし良いアスリートならば、おそらく学校や町内のチームなどでそのスポーツを楽しめるだろう。こういった類の気分転換をすることは、メインのスポーツからのバーンアウトを防ぐだけでなく、そのことによって彼らは新しい友達を見つけたり、才能を発見したり、スポーツや戦いを楽しむ方法を見つけたりするのである。

そして、彼らがメインのスポーツに戻ったときには、リフレッシュして再びイキイキとするため、それがあらゆるバーンアウトを回避する完璧な薬となる。

最近の多くの研究によると、現代の子供たちは以前に比べ、早い段階から1つのスポーツに特化している。悲しいことに、この傾向を防ぐために私たちができることはほとんどない。しかし、バーンアウトしてしまう兆候に気を配るのは、両親の仕事だ。こういったバーンアウトの問題は、以前よりもさらに拡大している。あなたはあまり聞いたことがないかもしれないが、悲しいことに、まだ中高生にもかかわらず、多くの子供たちが強いプレッシャーのために競技スポーツの世界から離れていっている。そして一度離れてしまうと、再び戻ってくることはほとんどない。

一世代、二世代前までは、バーンアウトのような用語自体ほとんど存在していなかった。若いアスリートが、成長過程で1つのスポーツだけに絞ることがほとんどなかったからだ。彼らは季節に応じて異なるスポーツをプレーしていた。例えば、秋はアメリカンフットボールかサッカー、冬はバスケットボールかアイスホッケー、そして春は野球かラクロスかテニス、というように。

実際、年間を通して1つのスポーツだけをプレーする選手はほとんどいなかった。しかし、実はスイミングや体操などの個人スポーツでは、若いときに1つのスポーツだけに集中する傾向があった。そしてこれらの若い水泳や体操の選手は、実際にバーンアウトの最初の犠牲者となっていたと言ってよいと思う。技術を向上させ、磨くために、プールの中や平均台の上で多くの時間を過ごすことは、他の面での成長の機会を逃すことになるのではないかという疑問や懸念を生むことがよくあった。

私の経験では、アスリート自身が、人生においてスポーツ以外の経験、例えば友達と飲み明かす、パーティーへ行く、寝過ごすなど、そのような経験を逃しているのではないかという疑問を持ち始めたとき、バーンアウトが始まりつつあるといえる。または、学校の友達が、複数のスポーツや活動をどれほど楽しんでいるのかについて知ったときだ。

問題は、年間を通して取り組む必要がある個人スポーツに、8歳や10歳のときに才能を見せると、ほとんどの子供は親が言うことに忠実に従ってしまうということだ。疑問を持たない。しかし、12歳から13歳になると、周囲や同級生への関心をもっと持つようになる。そして、自分が1つのスポーツにすべてを捧げていることについて疑問を持ち始める。

「今日の練習は休めないの?」「なぜ友達のお泊りパーティーへ行っちゃいけないの?」と、子供たちが反抗を始めたとき、それがこの1つのスポーツに孤独に献身していることが正しいことなのか、という疑問を持ち始めるときなのだ。バーンアウトは、そんなに遠く、成長したときにあるものではないのである。

あなたの子供が中学生になったときに、このようなバーンアウトになる可能性を避けるため、休憩を取るというアプローチを心にとどめておいてほしい。そして、夜更かしする、誕生日会に行く、といった同年代のすべての子供たちが楽しんでいるような基本的な活動を子供に許可することは、何も間違ったことではない。

次の日の練習が早いからという理由で、「悪いね、でもお友達のパーティーには行けないよ」と言ったら、親として子供にとっての優先順位を考え直したほうがよいかもしれない。

言い換えると、長い目で見れば、あなたの子供が途中で1、2回練習を休んでも、確実にそれは問題ないことなのだ。

人生に2つのパラシュートを詰める

子供に伝える必要がある最も重要で不可欠な人生の教訓の一つが、人生に2つのパラシュートを詰める、という考えだ。

この考え方は、かつてデューク大学とNBAのスターであったグラント・ヒルから私は最初に学んだ。グラントはヴァージニア州の郊外で育った。早いうちからサッカーとバスケットボールに才能があることが明らかだったのだが、彼の両親であるカルバンとジャネットは、スポーツでの将来性というものは、ケガや予想できない出来事によってすぐに消え去る可能性があることをわかっていた。おそらく、父親のカルバン自身がエール大学卒業後、オールプロのランニングバックとしてダラス・カウボーイズでプレーしていたため、アスリートのスターになるためによく練られた計画でも、あっという間に無駄になってしまうということを身をもって知っていたのだろう。とにかくグラントの両親は、スポーツのキャリアがどれほど不安定なものなのかを理解しているかどうか、息子に確認したのだ。

その結果、言い方を換えると、彼らは常に人生に2つのパラシュートを詰めるようにと警告したのだ。それは、もし1つ目の夢もしくはパラシュートが花開かなかったとしても、最低でも念のために詰めていた2つ目のパラシュートを持っているという見通しがあるということだ。これは、いかなるスポーツであっても、子供たちに予想できない人生のアップダウンに備えてほしいと願う両親にとって、とても賢明なアドバイスである。これは欠くことのできない教訓である。

2つ目のパラシュート、夢が何であるかで違いはない。あなたの子供は、コンピュータープログラミング、または人に物事を教えることに情熱を持っているかもしれない。医者になりたいと思っているかもしれない。他の情熱が何であるかは本当に関係ない。重要なことは、スポーツに対して持っていたように、もう1つのパラシュートに対しても同じような愛を育くむことができるかどうかだ。

彼らがスポーツ界から離れる（あるいは移る）ときは、いつか訪れる。私のいうことを信じてほしい。これはすべてのトップアスリートに起こることだ。もし彼らがすでに人生で次にやりたいと熱望することが決まっている場合、新しいパラシュートに移行するのはかなり容易となるだろう。それはもちろん、2つ目のパラシュートのことだ。

非常に多くのアスリートが、たった1つの夢に集中して多くの時間を過ごす。彼らは人生の他の可能性を見過ごしている。そして引退して自由になったときに、次のキャリアをどうするか見つけようともがき苦しむということがよくある。それは彼らにとって、とても難しく、苦しい時期となることがある。

親の視点から見ると、彼らがスーパースターになろうと、高校チームの選手レベルにとどまろうとも、違いはないのだ。彼らに人生の2番目の情熱を見つけるように諭そう。それが、スポーツに取り組む子供の親である、あなたの仕事なのだ。

メモ　精鋭たちのレベルでプレーする喜び

これは、ちょっとした余談である。

クリーブランド・インディアンスでメンタルコーチを務めていたときのことだ。ある天気のいい午後、クリーブランド球場の外野を巡回していた。バッターがバッティング練習をしている間、ピッチャーのほとんどは外野にいて、フライを捕っては返球していた。いつの間にかナックルボールの名投手、トム・キャンディオッティと話をしていた。キャンディはいつも機嫌が良かったのだが、その日の午後は特に上機嫌だった。

彼にどうしたのか尋ねた。

キャンディは大きな笑みを返し、それから外野を見回して他のピッチャーが聞いていないか確かめて、静かに私に向かって言った。

「リック、数百万ドルっていう、どでかい契約にサインしてきたところなんだ」

私はキャンディの言葉にゾクゾクし、お祝いの言葉を伝えた。確かに彼は、そのビッグマネーをもらう価値がある人間だ。キャンディは、ドラフト外でプロ野球の道に入り、マイナーリーグを渡り歩き、次のレベルに進むために身を粉にして頑張ってきた男である。その道のりは全く華やかなものではなかった。ただ懸命の努力と、ナックルボールへの強く変わらない信念、そして普通ではないその球が自分をどこに連れて行ってくれるのかを見てみたいという願望を持っていた。その結果、キャンディは大成功し、長きにわたって非常に順調なキャリアを楽しめたのである。

しかし、重要なのはここからだ。

キャンディは契約にサインしたことを私に話した後、外野を再び見回して、内緒話のような口調で言った。

「リック、メジャーリーグで投げるために数百万ドルも払ってくれるんだ……夢が実現したんだ」

そして一息ついて考え、付け加えた。

「本当はね……その大金を払ってでも、私はここで投げさせてもらいたかったんだけどね」

キーポイントのまとめ

スポーツメンタルトレーニングにまつわるさまざまな問題を解決するために、この本では、多岐にわたって取り扱ってきた。そこで最後に、真剣なアスリートが、競技スポーツに臨む際に、自分に合った特別なメンタル面での準備ができるように、学び、そして習得すべき重要なキーポイントを次に示そう。

□視覚化したことをその日の活動に取り入れること

□マッスルメモリーを構築すること

□自分の心に体をけん引させること

□試合前と試合後の精神的なルーチンを作ること

□自分自身を岩石ではなく皮革に変容させること

□メンタルキューカードを書いて、常に参照すること

□必要なときのために、自分だけの特別なフォーカル・ポイントを見つけておくこと

謝辞

私は、最初のアイデア段階から最終的な完成に至るまで、本を手掛けることがいかに難しく、手間がかかるかということを身をもって知っています。また、本の出版を成功させるためには、あらゆる面でチームワークが必要であることも理解しています。

そのためにまず何よりも、長年の友人であり同僚でもあるケン・サメルソンに感謝したいと思います。彼の素晴らしい指導、果てしない忍耐、そしてこのプロジェクトを完成させるための多大なる支援に感謝いたします。ケンとは『ベースボール・エンサイクロペディア』で長年にわたりいっしょに仕事をさせていただきましたが、細部へのこだわりと正確な記録のとり方は本当に素晴らしいものでした。そしてその編集技術をこの本にも発揮してくれました。

しかし本の出版に関しては、執筆して編集するだけでは仕事の半分にしかなりません。本をいい販路に乗せるために素晴らしい仕事をしてくれたビル・ウォルフスハルに敬意と感謝の意を表したいと思います。また、本の宣伝に尽力してくれたマリオン・シュワナー、制作過程で常に私のそばにいてくれたサラ・ジョーンズにもお礼を申し上げます。

そしてもちろん、この本の執筆にあたっていたここ数年、私に寛容でいてくれた美しい妻のトリッシュをはじめとする家族にも感謝しています。

この本は、スポーツメンタルトレーニングの世界で私が生涯にわたって学んできたこと、すなわち1970年代から1980年代にかけての大学の学部時代と大学院時代、そしてハーベー・ドルフマンの指導を受けてから現在に至るまでの、私が学んだ成果を紹介しています。

リック・ウォルフ

訳者あとがき

スポーツ中継で「すごい精神力ですね」とか「彼は勝負強い」などという言葉をよく聞く。これはその人個人の生まれながらの特性なのだろうか、それともトレーニングで鍛えることができるのだろうか?

この本の著者リック・ウォルフ氏はハーバード大学を卒業し、プロ野球選手として活躍し、メジャーリーグのクリーブランド・インディアンスで長くメンタルトレーニングのコーチとして多くのメジャーリーガーをサポートしてきた経歴を持つ。そしてアスリートに役立ちそうな数多くの心理学の本を読み込んでいる。この本は理論的であるが、実践に役に立つ具体的な技法や考え方が書かれた、素晴らしいスポーツメンタルトレーニングの本である。

身体機能や技術が極めて高いレベルで差がないとき、競争相手にどうすれば勝てるのか。ウォルフ氏はまさにこのようなときにゾーンに入る必要があり、ゾーンに入ることがメンタルトレーニングの目的であると述べている。

試合前には不安・緊張に圧しつぶされそうになる。どうするか。トップアスリートは試合が始まれば不安・緊張は消えてしまう、むしろ試合前に不安・緊張が来ないと準備ができていないと考えてしまうという。私たちは精神科医として認知行動療法的アプローチを臨床で頻繁に利用している。その視点で言えば「不安になり緊張すること」に不安になれば、さらに不安・緊張が高まるが、不安・緊張することが試合に役立つことと受け止めれば、過剰な不安・緊張には陥らない。不安をパフォーマンスレベルが最も高いレベルにコントロールするのである。

この本には、ビジュアライゼーション（視覚化）、試合中の感情をコントロールするのに役立つフォーカル・ポイント、セルフトーク、メンタルキューカードなど、高いレベルで競い合うアスリートにとっては必須のメンタルトレーニング技法が記載されている。しかし、この技術は一般のアスリートにとっても非常に有効なものである。ぜひ、日々の練習や大事な試合に役立てていただきたいと思っている。

伊豫雅臣・矢野郁明・赤沼暁彦

Moyer, Jamie and Larry Platt. ***Just Tell Me I Can't: How Jamie Moyer Defied the Radar Gun and Defeated Time,*** Grand Central, 2013.

Orlick, Terry. ***In Pursuit of Excellence,*** Human Kinetics, 1980.

Peterson, Rick, and Judd Hoekstra. ***Crunch Time: How to Be Your Best When it Matters Most,*** Berrett-Koehler Publishers, 2017.

Ravizza, Ken, and Tom Hanson. ***Heads-Up Baseball: Playing the Game One Pitch at a Time,*** McGraw-Hill, 1998.

Rotella, Bob. ***How Champions Think: In Sports and in Life,*** Simon & Schuster, 2015.

————. ***Golf Is Not a Game of Perfect,*** Simon & Schuster, 1995.

Sullivan, Paul. ***Clutch: Why Some People Excel Under Pressure and Other Don't,*** Portfolio, 2010.

Wertheim, L. Jon, and Sam Sommers. ***This Is Your Brain on Sports: The Science of Underdogs, the Value of Rivalry, and What We Can Learn from the T-Shirt Cannon,*** Crown Archetype, 2016.

Weisinger, Hendrie, and J. P. Pawliw-Fry. ***Performing Under Pressure: The Science of Doing Your Best When it Matters Most,*** Crown Business, 2015.

日本語版書籍

アンジェラ・ダックワース著 , 神崎朗子訳 .「やり抜く力—人生のあらゆる成功を決める「究極の能力」を身につける」, ダイヤモンド社 , 2016.

アンダース・エリクソン著 , ロバート・プール著 , 土方奈美訳 .「超一流になるのは才能か努力か ?」, 文藝春秋 , 2016.

ケン・ラビザ著 , トム・ヘンソン著 , 高妻容一訳 , 遠藤拓哉訳 .「大リーグのメンタルトレーニング 第 2 版」, ベースボール・マガジン社 , 2020.

シアン・バイロック著 , 東郷えりか訳 .「なぜ本番でしくじるのか—プレッシャーに強い人と弱い人」, 河出書房新社 , 2011.

デイヴィッド・エプスタイン著 , 福典之監修 , 川又政治訳 .「スポーツ遺伝子は勝者を決めるか ?——アスリートの科学」, 早川書房 , 2016.

ティモシー・ガルウェイ著 , 後藤新弥訳 .「インナーゲーム」, 日刊スポーツ新聞社 , 1976.

テリー・オーリック著 , 辻秀一訳 .「ザ・エクセレンス—ハイパフォーマンスを生み出す心の技術」, ダイレクト出版 , 2012.

マクスウェル・マルツ著 , 小圷弘訳 .「自分を動かす」改訂版 , 知道出版 , 2016.

ハーベー・ドルフマン著 , カール・キール著 , 白石豊訳 .「野球のメンタルトレーニング」, 大修館書店 , 1993.

ヘンドリー・ウェイジンガー著 ,J・P・ポーリウ＝フライ著 , 高橋早苗訳 .「プレッシャーなんてこわくない—誰でも本番で勝てるメンタル強化術」, 早川書房 , 2015.

ボブ・ロテラ著 , ボブ・カレン著 , 菊谷匡祐訳 .「私が変わればゴルフが変わる」, 飛鳥新社 , 1996.

リック・ウォルフ著 , 沢田博訳 .「コーチボックスから見た部下掌握術」, TBS ブルタニカ , 1988.

推薦図書

原著書籍

Ankiel, Rick. ***The Phenomenon: Pressure, the Yips, and the Pitch that Changed My Life,*** Free Press, 2017.

Beilock, Sian. ***Choke: What the Secrets of the Brain Reveal About Getting It Right When You Have To,*** Atria, 2011.

Canfield, Jack and Mark Victor Hansen. "18 Holes in His Mind"in ***A 2nd Helping of Chicken Soup for the Soul,*** Health Communications, 1995.

Colvin, Geoff. ***Talent Is Overrated: What Really Separates World-Class Performers from Everybody Else,*** Portfolio, 2008.

Coop, Richard H. ***Mind over Golf: How to Use Your Head to Lower Your Score,*** John Wiley & Sons, 1997.

Csikszentmihalyi, Mihaly. ***Flow: The Psychology of Optimal Experience,*** HarperCollins, 2008.

Dorfman, H. A. ***The Mental ABC's of Pitching: A Handbook for Performance Enhancement,*** Diamond Communications, 2001.

———. ***The Mental Game of Baseball: A Guide to Peak Performance,*** Diamond Communications, 2002.

———. ***The Mental Keys to Hitting: A Handbook of Strategies for Performance Enhancement,*** Diamond Communications, 2001.

———. ***Coaching the Mental Game: Leadership Philosophies and Strategies for Peak Performance in Sports—and Everyday Life,*** Taylor Publishing, 2005.

Duckworth, Angela. ***Grit: The Power of Passion and Perseverance,*** Scribner, 2016.

Epstein, David. ***The Sports Gene: Inside the Science of Extraordinary Athletic Performance,*** Current, 2013.

Ericsson, Anders and Robert Pool. ***Peak: Secrets from the New Science of Expertise,*** Houghton Mifflin Harcourt, 2016.

Fader, Jonathan. ***Life as Sport: What Top Athletes Can Teach You about How to Win in Life,*** Da Capo Press, 2016.

Gallwey, W. Timothy. ***The Inner Game of Tennis,*** Random House, 1974.

Hanson, Tom. ***Play Big: Mental Toughness Secrets That Take Baseball Players to the Next Level,*** Hanson House, 2011.

Loehr, James E. ***The New Toughness for Training for Sports: Mental, Emotional, and Physical Conditioning from One of the World's Premier Sports Psychologists,*** Plume, 1995.

Maltz, Maxwell, M.D. ***Psycho-Cybernetics: A New Way to Get More Living Out of Life,*** Prentice-Hall, 1960.

Maher, Charlie. ***The Complete Mental Game of Baseball: Taking Charge of the Process, on and Off the Field,*** Author House, 2011.

McGinn, Daniel. ***Psyched Up: How the Science of Mental Preparation Can Help You Succeed,*** Portfolio, 2017.

な

は

ま

や

ら

わ

ABC 順

索引

【著者紹介】

リック・ウォルフ(Rick Wolff)

元プロ野球選手と元メジャー・メンタルコーチの経歴を持つ心理学者。

スポーツメンタルトレーニングの分野の専門家として全米で広く知られており、アスリートが直面する精神的なプレッシャーについてメディアから頻繁にインタビューを受けている。トップアスリートのパフォーマンスにからむ心理学的問題について幅広く著述・講演している。

1974年にハーバード大学の心理学を最優秀で卒業し、心理学の学士号を取得。ハーバード時代から二塁手として活躍し、学生野球のワールドシリーズにも出場。ドラフトでデトロイト・タイガースに指名され入団。2シーズンを過ごした。その後、ロングアイランド大学の大学院に進み、心理学の修士号を優秀な成績で取得。78年から85年にはマーシー大学で野球チームのヘッドコーチも務め、チームをNCAAのディビジョン2にまで押し上げた。89年から94年にかけてクリーブランド・インディアンスのスポーツメンタルトレーニングの巡回コーチを務め、長年にわたってNFL、NBA、NHL、MLBをはじめ、多くのトッププロや大学のアスリートと仕事をしてきた。有名なスポーツメンタルトレーニングコーチであるハーベー・ドルフマンの直弟子でもある。

ニューヨークのWFANスポーツラジオで放送されている人気番組「The Sports Edge」で司会を務めており、ウォルフの声は、毎週日曜日の朝に聞くことができる。この番組では、スポーツメンタルトレーニングや親子スポーツに関する重要でタイムリーな問題を論じている。「スポーツイラストレイテッド」誌には10年にわたり、青少年やアマチュアのスポーツをテーマに何百ものコラムを書いてきた。また、主要なテレビ局やケーブルネットワークから、スポーツメンタルトレーニングや親子スポーツの問題についてインタビューを受けている。

講演者やセミナーの指導者として活躍しており、選り抜きのトップアスリートたちと、彼らのスポーツに対するメンタル面について、いっしょに取り組み続けている。。

ウォルフはニューヨークのアーモンクに妻のトリッシュと住んでいる。2人にはジョン、アリッサ、サマンサという3人の成人した子供がいる。

連絡先：www.askcoachwolff.com、askcoachwolff@fmail.com

【訳者紹介】

伊豫雅臣（いよ・まさおみ）

医師、医学博士。千葉大学大学院医学研究院総括副医学研究院長・副医学部長（兼任）。1984年3月千葉大学医学部卒業。85年10月国立精神・神経センター精神保健研究所薬物依存研究部研究員。88年10月～89年9月ＮＩＨ米国立老化研究所神経科学研究部客員研究員。91年4月国立精神・神経センター精神保健研究所薬物依存研究部室長。97年1月浜松医科大学精神神経医学講座助教授。2000年6月千葉大学医学部精神医学講座教授。01年4月千葉大学大学院医学研究院精神医学教授（組織改変による）。05年4月千葉大学社会精神保健教育研究センターセンター長（併任）。21年4月より現在。精神保健指定医、日本精神神経学会専門医・指導医。著書・翻訳・監訳等多数。

矢野郁明（やの・ふみあき）

医師。千葉大学大学院医学研究院精神医学、千葉市立青葉病院精神科勤務。17年3月浜松医科大学医学部医学科卒業。同年4月千葉大学医学部附属病院、東千葉メディカルセンター、19年4月千葉大学医学部附属病院精神神経科、20年4月千葉県精神科医療センターを経て、21年4月より現在。

赤沼暁彦（あかぬま・あきひこ）

医師。国保旭中央病院神経精神科勤務。17年3月新潟大学医学部医学科卒業。同年4月ＪＡとりで総合医療センター、19年4月千葉大学医学部附属病院精神神経科を経て、20年4月より現在。

ハーバード卒《そつ》・元《もと》メジャーメンタルコーチが明《あ》かす
メンタルトレーニングの奥義《おうぎ》

2021年10月20日　第1版 第1刷発行

著　者　リック・ウォルフ
訳　者　伊豫雅臣《いよまさおみ》・矢野郁明《やのふみあき》・赤沼暁彦《あかぬまあきひこ》
発行人　池田哲雄
発行所　株式会社ベースボール・マガジン社
〒103-8482 東京都中央区日本橋浜町2-61-9 TIE浜町ビル
電話（販売部）03-5643-3930
電話（出版部）03-5643-3885
振替口座00180-6-46620
https://www.bbm-japan.com/

印刷・製本　共同印刷株式会社
装幀　井之上聖子
本文DTP　ライラック
カバーイラスト　liuzishan (iStock)

Printed in Japan
ISBN 978-4-583-11417-0 C0075